W0288554

Die optimale Ergänzung zu diesem Ratgeber:

Der „Elterngeld leicht gemacht!" Online-Kurs

- ✓ verständliche Videos mit umfassenden Praxis-Beispielen
- ✓ Schritt-für-Schritt Anleitungen zum richtigen Ausfüllen des Antrags
- ✓ wichtige Tipps, um den Elterngeldanspruch voll auszuschöpfen
- ✓ Musteranträge für Elternzeit
- ✓ und vieles mehr

Unser Geschenk an dich:
Als Besitzer dieses Ratgebers erhältst du mit dem Gutscheincode zusätzlich einen Sonderrabatt i. H. v. 15,00 € auf den „Elterngeld leicht gemacht!" Online-Kurs*.

DEIN GUTSCHEINCODE:
ELG2020

Jetzt auf www.elterngeldleichtgemacht.de beim Zahlvorgang einlösen!

*Der Online-Kurs ist wegen Überarbeitungen aktuell nicht verfügbar.

Michael Ferstl
Michael ist Steuerberater mit langjähriger Berufserfahrung. Er ist verheiratet und stolzer Vater. Beim Elterngeldantrag war er jedoch der Verzweiflung nahe. Um dieses Schicksal anderen (werdenden) Eltern zu ersparen, hat er sich entschlossen, zusammen mit Christian und Jochen diesen Ratgeber herauszugeben, der das Thema Elterngeld kompakt und verständlich darstellt.

Christian Wenzel-Hofmann
Christian ist studierter Betriebswirt mit fundierter Erfahrung im Beratungs- und Schulungsumfeld sowie der Berufs- und Arbeitspädagogik. 2018 gründete er eine Familie und beschloss, zusammen mit Michael und Jochen Ordnung in den Elterngelddschungel zu bringen.

Jochen Breitenbach
Jochen ist Rechtsanwalt und Steuerberater. Bei den Elterngeldanträgen für seine zwei kleinen Töchter hat er sich mit dem Thema Elterngeld intensiv auseinandergesetzt und bringt diese Kenntnisse mittlerweile auch in seine tägliche Kanzleipraxis ein. Mit „Elterngeld leicht gemacht!" möchte er zusammen mit Christian und Michael zum Grundverständnis bei werdenden Eltern in diesem komplexen Themenbereich beitragen.

Anregungen und Kritik nehmen die Autoren gerne entgegen:
kontakt@elterngeldleichtgemacht.de

Michael Ferstl
Christian Wenzel-Hofmann
Jochen Breitenbach

ELTERNGELD *leicht gemacht!*

Alles zu Antrag, Berechnung, Höhe & Varianten

MIT WERTVOLLEN TIPPS UND VIELEN FALLBEISPIELEN

2., überarbeitete Auflage

Hinweis:
In diesem Buch findet aus Gründen der sprachlichen Vereinfachung und der besseren Lesbarkeit lediglich die maskuline Form Verwendung. Die Ausführungen beziehen sich jedoch in gleicher Weise auf m/w/d Personen.

Externe Links wurden zum Zeitpunkt der Drucklegung des Buches geprüft. Auf etwaige Änderungen zu einem späteren Zeitpunkt haben die Autoren keinen Einfluss. Eine Haftung ist daher ausgeschlossen.

Rechtshinweis:
Der Inhalt dieser Publikation wurde sorgfältig und nach bestem Wissen erstellt. Die Autoren übernehmen keine Haftung für die Richtigkeit und Vollständigkeit der in diesem Buch enthaltenen Ausführungen. Zudem übernehmen die Autoren keine Haftung für sonstige Schäden wegen Auslassungen oder Fehler in diesem Werk. Auch ersetzt diese Publikation keine Rechtsberatung. Eine individuelle Rechtsberatung zum Elterngeld ist den rechtsberatenden Berufen (= Rechtsanwalt) vorbehalten.

Bibliografische Information der Deutschen Nationalbibliothek:
Die Deutsche Nationalbibliothek verzeichnet diese Publikation in der Deutschen Nationalbibliografie; detaillierte bibliografische Daten sind im Internet über http://dnb.dnb.de abrufbar.

Impressum:
Copyright © 2022 FEWE UG, Steingartenweg 9, 90765 Fürth

Lektorat: Dr. Ruven Karr, Saarbrücken
Umschlaggestaltung: Kathrin Fuchsbauer, Berlin
Gesetzt aus: Avenir Next und Indie Flower
Icons: Lizenziert über flaticon.com
Druck und Verlag: Amazon Europe Independently published
ISBN: 9798632027588

INHALT

INHALTSVERZEICHNIS 7

VORWORT 11

1 WAS IST ELTERNGELD? 13

2 WER BEKOMMT ELTERNGELD? 49

3 WIE HOCH IST DAS ELTERNGELD? - ARBEITNEHMER... 53

4 WIE HOCH IST DAS ELTERNGELD? - SELBSTÄNDIGE.... 79

5 WAS SOLLTE MAN FÜR DIE BEANTRAGUNG WISSEN?. 85

6 TYPISCHE PRAXISFÄLLE MIT LÖSUNGEN 89

7 WEITERE STAATLICHE LEISTUNGEN 107

8 SONDERTEIL: CORONA 123

ANHANG 127

INHALTSVERZEICHNIS

VORWORT **11**

1 WAS IST ELTERNGELD? **13**

1.1 Begriffsabgrenzung - Von was reden wir? **14**

1.2 Grundlegende Funktionsweise des Elterngeldes **17**
1.2.1 Ersatz für Nettoeinkommen 17
1.2.2 Basiselterngeld 19
1.2.3 Wichtiger Hinweis für Mütter 24

1.3 Die verschiedenen Formen des Elterngeldes **25**
1.3.1 Basiselterngeld 26
1.3.2 ElterngeldPlus 26
1.3.3 Partnerschaftsbonus 41

1.4 Kombinationsmöglichkeiten **42**
1.4.1 Lebensmonate 43
1.4.2 Einschränkungen beim Kombinieren 45
1.4.3 Unterstützung durch den Elterngeld-Planer 45
1.4.4 Beispiele 46

2 WER BEKOMMT ELTERNGELD? **49**

2.1 Voraussetzungen im Überblick **49**
2.1.1 Sonderfall: Alleinerziehende 50
2.1.2 Sonderfall: Getrennt Erziehende 51
2.1.3 Sonderfall: Spitzenverdiener 51

2.2 Keine oder keine volle Erwerbstätigkeit **51**
2.2.1 Keine Erwerbstätigkeit 51
2.2.2 Keine volle Erwerbstätigkeit 52

3 WIE HOCH IST DAS ELTERNGELD? - ARBEITNEHMER ... **53**

3.1 Nettoeinkommen als Ausgangsgröße 54
3.1.1 Bemessungszeitraum 55
3.1.2 Elterngeld-Netto 57
3.1.3 Tipp - Wechsel der Steuerklasse 59

3.2 Wegfallendes Einkommen 62
3.2.1 Bezugszeitraum 63
3.2.2 Kein Einkommen im Bezugszeitraum 63
3.2.3 Arbeiten im Bezugszeitraum 64
3.2.4 Maximaler Einkommensunterschied 65

3.3 Bestimmung der Ersatzrate 68

3.4 Geschwisterbonus und Mehrlingszuschlag 70
3.4.1 Geschwisterbonus 70
3.4.2 Mehrlingszuschlag 71

3.5 Anrechnung von Einnahmen auf das Elterngeld 72

3.6 Zusammenfassendes Beispiel – Nichtselbständige Erwerbstätigkeit 74

4 WIE HOCH IST DAS ELTERNGELD? - SELBSTÄNDIGE 79

4.1 Nettoeinkommen als Ausgangsgröße 79
4.1.1 Bemessungszeitraum 79
4.1.2 Elterngeld-Netto 82

4.2 Wegfallendes Einkommen 83

4.3 Bestimmung der Ersatzrate 84

4.4 Geschwisterbonus und Mehrlingszuschlag 84

4.5 Anrechnung von Einnahmen auf das Elterngeld 84

5 WAS SOLLTE MAN FÜR DIE BEANTRAGUNG WISSEN? . 85

5.1 Wo ist der Antrag zu stellen? 86

5.2 Wie muss Elterngeld beantragt werden? 86

5.3 Wer muss den Antrag stellen? 86

5.4 Wann muss der Antrag gestellt werden? 87

5.5 Kann man den Elterngeldantrag später noch ändern? 87

5.6 Was muss eingereicht werden? 88

6 TYPISCHE PRAXISFÄLLE MIT LÖSUNGEN 89

7 WEITERE STAATLICHE LEISTUNGEN 107

7.1 Mutterschutz 107

7.2 Kindergeld 112

7.3 Baukindergeld 114

7.4 Fördermaßnahmen einzelner Bundesländer 115

7.5 Elternzeit 118

8 SONDERTEIL: CORONA 123

ANHANG 127

Linksammlung 127

Elterngeld-Infografik 129

Elterngeld-Checkliste 130

Glossar 132

Stichwortverzeichnis 134

VORWORT

Liebe Mütter und Väter und alle, die es bald werden,

mit diesem Buch wollen wir euch helfen, wertvolle Zeit zu sparen!

Die Idee dazu kam uns, als wir uns selbst in der Situation befanden, aus einer Flut von unzähligen Informationen, die Fakten herauszufiltern, die für den Elterngeldantrag notwendig und wirklich nützlich sind. Denn auch wenn es der Staat mit dem Elterngeld für Familien wirklich gut meint, so steht man erst einmal vor einem Dschungel aus Paragrafen und Bürokratie. Schnell ist man unsicher und hat Angst, etwas falsch zu machen oder etwas Wichtiges zu vergessen.

Wir haben uns daher das Ziel gesetzt: Elterngeld leicht zu machen! Mit einfachen Erklärungen und anschaulichen Beispielen wollen wir ein Grundverständnis schaffen, das Sicherheit im Umgang mit dem Thema gibt. So könnt ihr eure individuelle Situation zuverlässig einschätzen und beurteilen.

Eure freie Zeit ist zu schade, um sie mit stundenlanger Suche nach Informationen zu verbringen, denen man am Schluss doch nicht trauen kann. Dieses Buch hilft euch, den Zeitaufwand für die Elterngeldbürokratie zu minimieren. So bleibt Zeit zum Durchatmen und zum Genießen des Familienglücks!

Tipp: Mit dem persönlichen Gutscheincode (erste und letzte Seite) habt ihr die Möglichkeit, euch in unseren „Elterngeld leicht gemacht!"-Online-Kurs einzuschreiben, der nach den Kapiteln dieses Buches gegliedert ist. Im Kurs erklären wir euch in kurzen, verständlichen Videos mit Beispielen alles, was ihr wissen müsst. Darüber hinaus erhaltet ihr wichtige Tipps, um euren Elterngeldanspruch voll auszuschöpfen, sowie eine 1:1-Anleitung zum richtigen Ausfüllen eures Elterngeldantrags – und vieles mehr.

Ganz herzlich

Michael Ferstl, Christian Wenzel-Hofmann und Jochen Breitenbach

1 WAS IST ELTERNGELD?

Auf einen Blick!

Es gibt in Deutschland viele finanzielle und andere staatliche Förderungen für Familien. Das Elterngeld ist nur eine davon.

Das Elterngeld ist eine monatliche Leistung und ersetzt zwischen 65 % und 100 % (oft 67 %) des Netto-Einkommens vor Geburt (aber mind. 300 € und max. 1.800 €).

Das Elterngeld gibt es in folgenden Varianten:

- **Basiselterngeld:**
  Normalfall = 12 Monate
- **Partnermonate:**
  zwei zusätzliche Monate Basiselterngeld
- **ElterngeldPlus:**
  Aus jedem Monat Basiselterngeld werden zwei Monate ElterngeldPlus; besonders interessant, wenn nach der Geburt wieder in Teilzeit gearbeitet werden soll
- **Partnerschaftsbonus:**
  Mutter und Vater erhalten jeweils zusätzliche vier Monate ElterngeldPlus; beide Eltern müssen gleichzeitig mind. vier Monate in Teilzeit arbeiten.

Die Varianten lassen sich fast beliebig monatsweise kombinieren.

Monate mit Bezug von Mutterschaftsleistungen gelten aber per Gesetz als Monate mit Basiselterngeld. Sie stehen somit für die Planung bei Müttern nicht mehr frei zur Verfügung.

1.1 Begriffsabgrenzung - Von was reden wir?

In Deutschland werden Familien in verschiedenster Weise durch finanzielle und andere staatliche Leistungen gefördert. Zu diesen Leistungen zählen insbesondere:

- Kindergeld,
- Baukindergeld,
- Fördermaßnahmen einzelner Bundesländer,
- Mutterschaftsleistungen,
- Elternzeit und
- Elterngeld

Das Elterngeld ist also nur ein Baustein von vielen. Im Folgenden wird kurz erläutert, was die einzelnen Begriffe bedeuten.

> Info:
>
> Ausführlichere Information zu den einzelnen Leistungen sind im Kapitel 7 (weitere staatliche Leistungen) zu finden.

Kindergeld

Das Kindergeld ist eine der wichtigsten finanziellen Förderungen für Familien und soll die grundlegende Versorgung von Kindern ab der Geburt und mindestens bis zur Vollendung des 18. Lebensjahres absichern (i. d. R. 219 € pro Kind im Monat). Eltern, die über ein geringes Einkommen verfügen, können zusätzlich zum Kindergeld einen Kinderzuschlag erhalten (bis zu 209 € pro Kind im Monat).

Baukindergeld

Das Baukindergeld ist ein einkommensabhängiger staatlicher Zuschuss, der die Schaffung beziehungsweise den Erwerb von eigengenutzten Immobilien für Familien und Alleinerziehende erleichtern soll (jährlich 1.200 € pro Kind max. 10 Jahre).

Fördermaßnahmen einzelner Bundesländer

Für in Sachsen lebende einkommensschwache Familien, die sich für die häusliche Betreuung ihres Kindes entschieden haben, besteht auf Antrag die Möglichkeit, im zweiten oder dritten Lebensjahr ihres Kindes das sogenannte *Landeserziehungsgeld* zu erhalten (max. 300 € für 12 Monate).

Für in Bayern lebende Familien gibt es für das zweite und dritte Lebensjahr des Kindes das sogenannte *Bayerische Familiengeld* (i. d. R. 250 € pro Kind für 24 Monate). Die Förderung ist an keine weiteren Voraussetzungen geknüpft. Darüber hinaus kann ab dem zweiten Lebensjahr des Kindes das sogenannte *Bayerische Krippengeld* beantragt werden, wenn das Kind in einer Einrichtung oder Tagespflege betreut wird, die nach dem „Bayerischen Kinderbildungs- und -betreuungsgesetz" (BayKiBiG) gefördert wird und die Eltern die Elternbeiträge auch tatsächlich tragen (max. 100 € bis 31.08. des Kalenderjahres, in dem das dritte Lebensjahr vollendet wird). Die Leistung ist einkommensabhängig und wird auf Antrag gewährt.

Mutterschutz

Der Mutterschutz ist eine arbeitsrechtliche Maßnahme, um die Gesundheit der Mutter und des Kindes während der Schwangerschaft und der Stillzeit zu schützen. Für werdende Mütter besteht grundsätzlich ein Beschäftigungsverbot für die letzten sechs Wochen vor der Entbindung bis zum Ablauf von acht Wochen nach der Entbindung (= Mutterschutzfrist).

Während der gesamten Mutterschutzfrist muss der Arbeitgeber grundsätzlich keinen Arbeitslohn bezahlen (anders bei Beamten). Damit der Lebensunterhalt der Mutter dennoch gesichert ist, hat sie in der Regel Anspruch auf Mutterschaftsgeld. Zusammen mit einem Arbeitgeberzuschuss zum Mutterschaftsgeld erreicht sie gewöhnlich einen Nettolohn wie vor der Mutterschutzfrist.

Hinweis:

Mutterschaftsleistungen und Elterngeld:
Monate, in denen Mutterschaftsgeld bezogen wird, gelten als Monate mit Basiselterngeld (vgl. Kapitel 1.2.3). Die Zeiten der Mutterschutzfrist sind somit für das Elterngeld bereits verplant bzw. verbraucht. Das Mutterschaftsgeld und der Arbeitgeberzuschuss werden auf das Elterngeld angerechnet.

Elternzeit

Elternzeit ist für Eltern - die Arbeitnehmer sind - das Recht auf eine unbezahlte Freistellung von der Arbeit, um sich in ausreichender Zeit der Erziehung und Betreuung ihres Kindes widmen zu können.

Die Elternzeit beträgt pro Kind maximal drei Jahre. Auf Verlangen hat der Arbeitgeber den Arbeitnehmer für diesen Zeitraum von der Arbeit freizustellen. Der Arbeitgeber darf das Arbeitsverhältnis während der Elternzeit nicht kündigen. Sind Vater und Mutter beide als Arbeitnehmer beschäftigt, können auch beide Eltern die drei Jahre Elternzeit nehmen. In der Entscheidung, ob die Elternzeit gleichzeitig oder versetzt genommen wird, sind die Eltern frei. Für die Dauer der Elternzeit erhält der Arbeitnehmer keinen Arbeitslohn.

An dieser Stelle kommt oft das Elterngeld ins Spiel. Durch das Elterngeld kann nämlich einen Teil des Einkommensausfalls kompensieren. Elternzeit und Elterngeld sind unabhängig voneinander! Man kann, muss sie aber nicht kombinieren.

Die Mutterschutzfrist nach der Geburt (i. d. R. acht Wochen) ist in der maximalen Elternzeit der Mutter bereits mit inbegriffen und wird somit auf die Elternzeit angerechnet.

Elterngeld

Das Elterngeld ist eine Familienleistung des Staates, die das fehlende Einkommen ausgleicht, wenn das Kind nach der Geburt von den Eltern betreut und dafür die Arbeit unterbrochen bzw. eingeschränkt wird.

Das Elterngeld kann grundsätzlich für zwölf Monate bezogen werden. Oft kommen noch zwei zusätzliche Partnermonate hinzu, so dass den Eltern gemeinsam 14 Monate Elterngeld zustehen. Sie können sich die Monate untereinander nahezu frei aufteilen.

Das Elterngeld beträgt zwischen 65 % und 100 % des Nettoeinkommens vor der Geburt (oft sind es 67 %). Es beträgt (in der Basisvariante) aber immer mindestens 300 € und maximal 1.800 €. Die 300 € gibt es auch für Eltern, die vor der Geburt kein Einkommen hatten (z. B. Hausfrau/Hausmann).

Zusammenfassender Überblick

Das nachfolgende Schaubild fasst die verschiedenen staatlichen Leistungen sowie deren Zeiten der Inanspruchnahme kompakt zusammen:

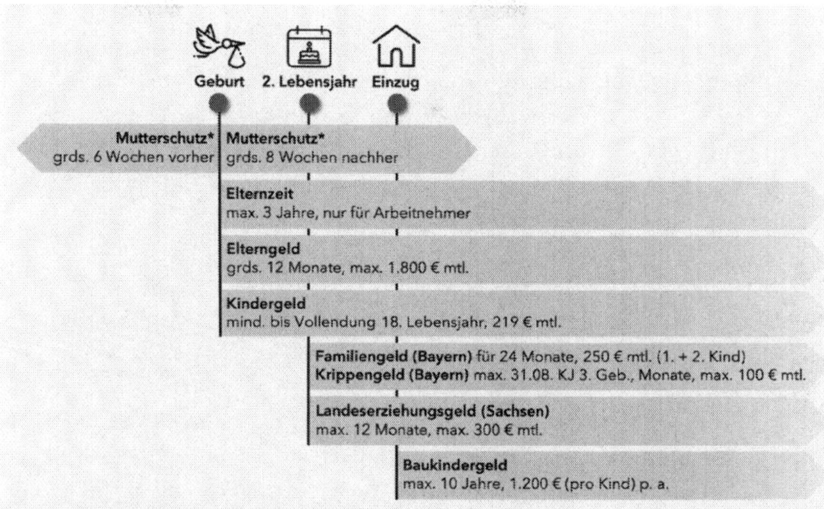

*Synonym für Mutterschutzfristen und Mutterschaftsleistungen

1.2 Grundlegende Funktionsweise des Elterngeldes

1.2.1 Ersatz für Nettoeinkommen

Elterngeld gibt es in folgenden zwei Grundvarianten:

- Basiselterngeld und
- ElterngeldPlus

> **Info:**
>
> Häufig wird der Partnerschaftsbonus noch als dritte Variante genannt. Es handelt sich dabei um eine Unterart des ElterngeldPlus, vgl. dazu Kapitel 1.3.3.

Diese Varianten können miteinander kombiniert werden.

Das Elterngeld soll die Eltern ein Stück weit von den Zwängen des Erwerbslebens befreien, damit sie mehr Zeit der Betreuung und Erziehung ihrer Kinder widmen können. Gefördert werden soll, wer weniger arbeitet, um mehr Zeit für die Familie zu haben. Das können Mutter und/oder Vater sein.

Betrachtet werden für das Elterngeld stets einzelne Monate. Die Arbeitszeit muss nicht auf null gesenkt werden. Es reicht für den Anspruch auf Elterngeld auch aus, wenn die Arbeitszeit reduziert wird (z. B. im Rahmen einer Teilzeitbeschäftigung). Dies gilt auch, wenn eine Verringerung der Arbeitszeit nur in geringem Umfang erfolgen sollte.

Das Elterngeld ersetzt einen Teil (oft zwischen 65 % und 67 %, max. 100 %) des Nettoeinkommens, das durch die verminderte Erwerbstätigkeit wegfällt. Es beträgt jedoch maximal 1.800 € (entspricht somit dem Höchstbetrag) im Monat.

Elterngeld erhalten aber auch Eltern, die vor der Geburt des Kindes gar kein Einkommen hatten. Sie erhalten den Mindestbetrag in Höhe von 300 € pro Monat.

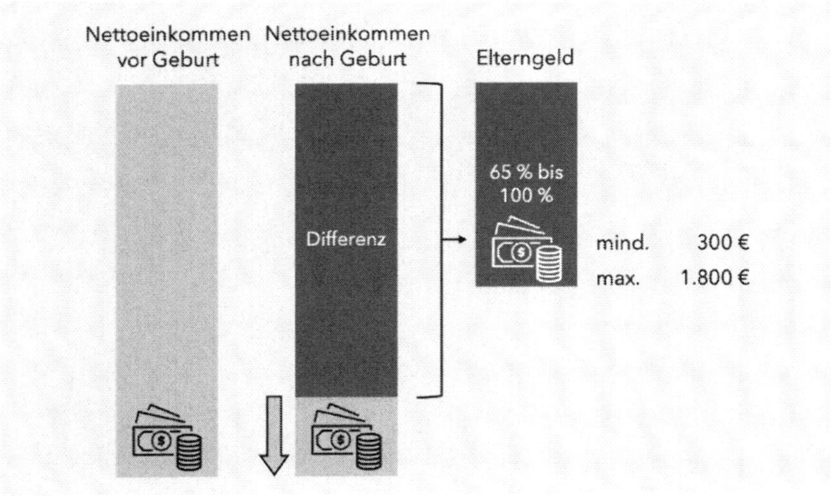

Vereinfachtes Beispiel zum Schaubild: Vor der Geburt hat die Mutter ein Nettoeinkommen in Höhe von 1.500 €. Nach dem Mutterschutz arbeitet sie in Teilzeit und erhält dafür 500 € netto von ihrem Arbeitgeber. Die Differenz der beiden Nettoeinkommen beträgt 1.000 €. Von diesem wegfallenden Einkommen bekommt sie 67 % Elterngeld; also 670 €.

Das Elterngeld ist steuerfrei. Es erhöht jedoch den Steuersatz, der auf die anderen Einkünfte des betreffenden Jahres angewendet wird (sog. *Progressionsvorbehalt*).

1.2.2 Basiselterngeld

Grundsätzlich zwölf Monate

Der Anspruch auf Elterngeld besteht grundsätzlich (für beide Elternteile zusammen) ab der Geburt des Kindes für insgesamt maximal zwölf Monate. Diese Form des Elterngeldes nennt sich *Basiselterngeld*.

Wie die zwölf Monate auf die beiden Elternteile verteilt werden, können diese frei bestimmen. Da das Elterngeld monatsweise gewährt wird, kann theoretisch für jeden Monat eine andere Wahl getroffen werden. Allerdings kann ein Elternteil Elterngeld nur beziehen, wenn er es für mindestens zwei Monate und höchsten zwölf Monate in Anspruch nimmt. Elterngeld kann auch gleichzeitig oder abwechselnd beantragt werden.

Beispiel 1:
Die Mutter beantragt für zwölf Monate am Stück Elterngeld. Der Vater geht ohne Einschränkung seiner bisherigen Erwerbstätigkeit nach.

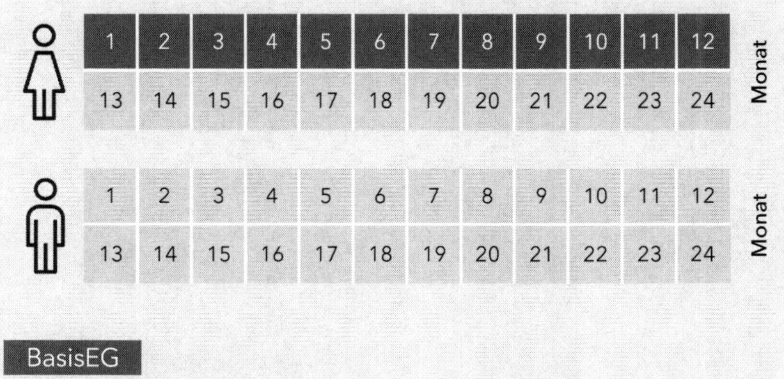

Beispiel 2:
Die Mutter nimmt acht Monate Basiselterngeld am Stück. Anschließend nimmt der Vater vier Monate Basiselterngeld am Stück.

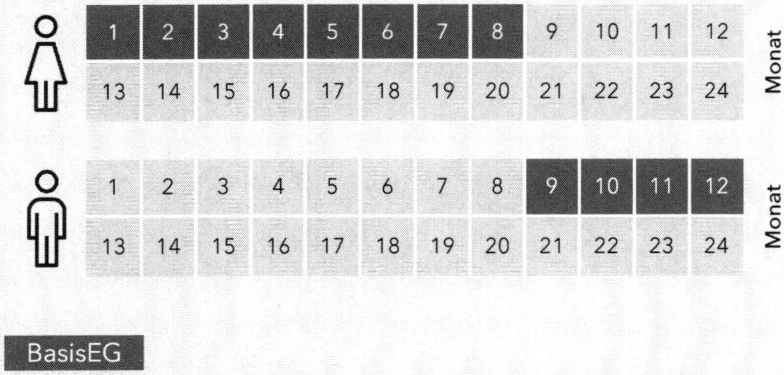

Beispiel 3:
Die Mutter nimmt vier Monate Basiselterngeld am Stück. Dann nimmt der Vater zwei Monate Basiselterngeld am Stück. Danach nimmt die Mutter noch einmal sechs Monate Basiselterngeld am Stück.

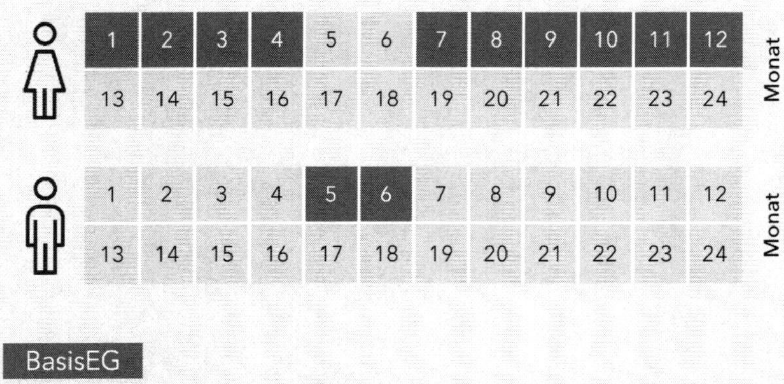

Beispiel 4:
Die nimmt die Mutter vier Monate Basiselterngeld am Stück. Dann nimmt der Vater zwei Monate Basiselterngeld am Stück. Danach nimmt die Mutter noch einmal vier Monate Basiselterngeld am Stück. Während der letzten beiden Elterngeldmonate der Mutter nimmt der Vater ebenfalls noch einmal Elterngeld.

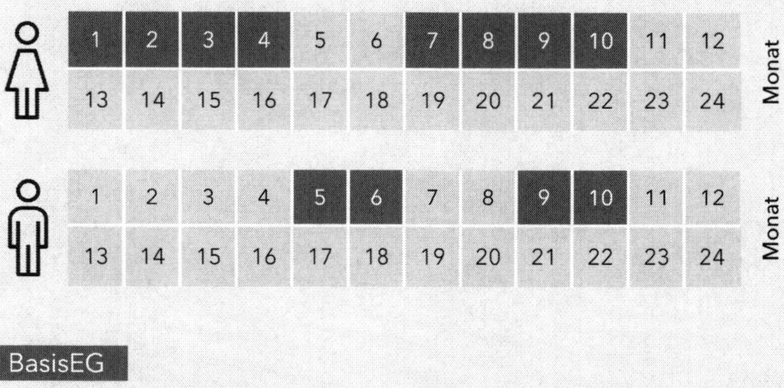

Unser Tipp:

Urlaub sparen!
Die geschickte Wahl der Elterngeldmonate lässt sich oft Urlaub sparen. Hintergrund ist, dass sich der Urlaubsanspruch nur um ein Zwölftel mindert, wenn in einem Kalendermonat keine Erwerbstätigkeit ausgeübt wird.

Will der Vater also bspw. drei Monate für sein am 10.05. geb. Kind zuhause sein und hierfür zwei Monate Elterngeld und einen Monat Urlaub nutzen, so sollte er zunächst einen Monat Elterngeld nehmen (10.05. - 09.06.), dann einen Monat Urlaub (10.06. - 09.07.) und dann wieder einen Monat Elterngeld (10.07. - 09.06.). Auf diese Weise ist er keinen ganzen Kalendermonat ohne Erwerbstätigkeit und verliert keinen Urlaubsanspruch.

Partnermonate

Neben den zwölf Monaten Basiselterngeld können die Eltern unter bestimmten Voraussetzungen (vgl. Hinweis) Anspruch auf zwei weitere Monate Elterngeld haben (sog. *Partnermonate*). In Summe wird dann also für 14 (statt zwölf) Monate Elterngeld bezahlt. Allerdings ist der Elterngeldbezug je Elternteil (wie beim Basiselterngeld) auf zwölf Monate begrenzt. Ausnahmen gelten zum Beispiel aber für Alleinerziehende.

Wenn Eltern also 14 Monate Elterngeld erhalten wollen, so müssen sich Vater und Mutter die 14 Monate Elterngeld teilen. Der Gesetzgeber will dadurch erreichen, dass auch Väter in größerer Anzahl der Kinderbetreuung und -erziehung mehr Zeit widmen.

Hinweis:

Voraussetzungen für die Partnermonate:
Die beiden Partnermonate werden nur gewährt, wenn innerhalb der ersten 14 Lebensmonate nach der Geburt des Kindes für zwei Monate eine Minderung des Einkommens aus Erwerbstätigkeit vorliegt. Bei welchem der beiden Elternteile sich das Einkommen mindert, ist unerheblich. Die Einkommensminderung muss darauf beruhen, dass der betroffene Elternteil seine Erwerbstätigkeit unterbricht oder auf max. 32 Wochenstunden einschränkt (vgl. hierzu auch Beispiel 5).

Die Voraussetzungen für die zwei zusätzlichen Partnermonate sind also immer gegeben, wenn mind. ein Elternteil vor der Geburt berufstätig war und für mind. zwei Monate Elterngeld bezieht.

Nur wenn beide Eltern vor der Geburt nicht berufstätig waren, scheiden die Partnermonate von vorneherein aus.

Beispiel 5 (= häufigster Praxisfall):
Die Mutter und der Vater waren vor der Geburt erwerbstätig. Nach der Geburt nimmt die Mutter zwölf Monate Elterngeld am Stück. Dadurch vermindert sich ihr Einkommen im Vergleich zu vor der Geburt. Die Voraussetzungen für die beiden zusätzlichen Partnermonate sind erfüllt. Der Vater beantragt daher ebenfalls zwei Monate Elterngeld. Er entscheidet sich, gleichzeitig mit der Mutter in den letzten beiden Monaten Elterngeld zu beziehen.

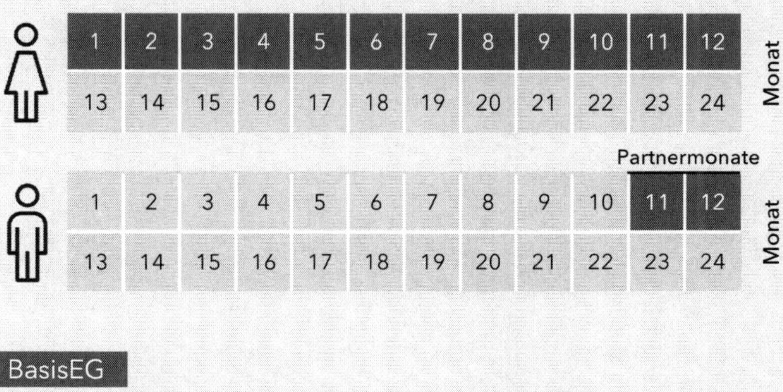

Beispiel 6:
Wie Beispiel 5, allerdings entscheidet sich der Vater dazu, zwei Monate Elterngeld nach Ablauf des Zeitraums der Mutter zu nehmen.

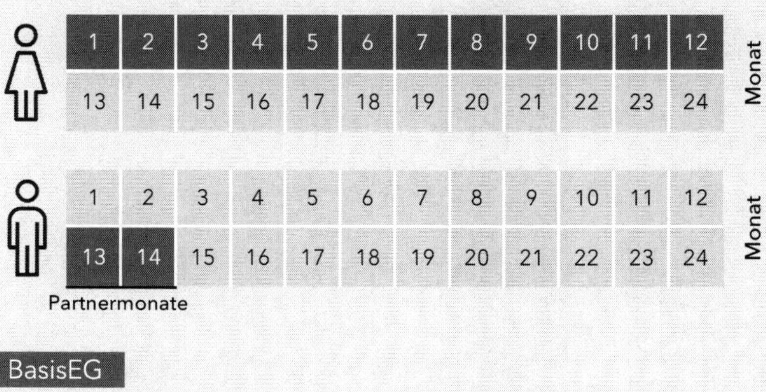

Sonderregelung für Frühchen

Kommt das Kind mindestens sechs Wochen vor dem errechneten Geburtstermin zur Welt (Frühchen), so steht den Eltern länger Elterngeld zu. Abhängig vom tatsächlichen Geburtstermin werden bis zu vier zusätzliche Monate Basiselterngeld gewährt (mind. 6 Wo. → 1 Mon.; mind. 8 Wo. → 2 Mon.; mind. 12 Wo. → 3 Mon.; mind. 16 Wo. → 4 Mon.).

1.2.3 Wichtiger Hinweis für Mütter

Die Monate, in denen die Mutter (für dasselbe Kind) Mutterschaftsgeld oder andere Mutterschaftsleistungen bezieht, gelten per gesetzlicher Fiktion gleichzeitig auch als Monate, in denen Basiselterngeld bezogen worden ist. Sie sind somit für die Planung des Elterngeldes bereits verbraucht. Dies gilt auch für Beamtinnen und Soldatinnen, da hier auch während der Mutterschutzfristen die Bezüge weiterlaufen.

Hinweis:

Die Mutterschaftsleistungen (Mutterschaftsgeld und Arbeitgeberzuschuss) werden grundsätzlich auf das Elterngeld angerechnet (vgl. Kapitel 3.5). Sind die Mutterschaftsleistungen höher als das Elterngeld (wie üblich), wird somit kein Elterngeld ausgezahlt. Sind die Mutterschaftsleistungen niedriger als das Elterngeld, wird nur die Differenz als Basiselterngeld ausgezahlt.

Beispiel 7:

Wie Beispiel 5, die Mutter erhält aber die ersten beiden Monate nach der Geburt Mutterschaftsgeld. Somit gelten diese Monate in Bezug auf die Planung des Elterngeldes bereits als verbraucht. Sie gelten als Monate mit Basiselterngeldbezug. Die Mutter beantragt somit lediglich für die verbleibenden zehn Monate Elterngeld nach ihrer freien Entscheidung. Der Vater beantragt (wie in Beispiel 5) zwei Elterngeldmonate, die zeitlich mit den letzten beiden Elterngeldmonaten der Mutter zusammenfallen.

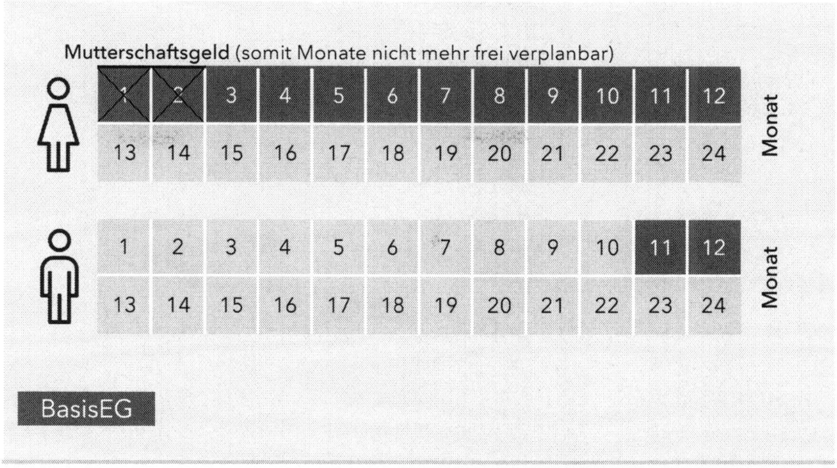

1.3 Die verschiedenen Formen des Elterngeldes

Durch den Gesetzgeber wurden in den vergangenen Jahren neben dem Basiselterngeld noch weitere Varianten des Elterngeldes entwickelt. Dadurch sollte den Eltern noch mehr Flexibilität bei der Gestaltung der Kinderbetreuung gegeben werden.

Zum einen wurde für Kinder ab dem Geburtsdatum 01.07.2015 als Alternative zum Basiselterngeld das sogenannte *ElterngeldPlus* geschaffen. Es ist insbesondere interessant, wenn nach der Geburt ein oder beide Elternteile in Teilzeit arbeiten wollen.

Zum anderen wurde ein (verlängerter) *Partnerschaftsbonus* eingeführt. Dieser bietet für jeden Elternteil die Möglichkeit auf vier zusätzliche ElterngeldPlus-Monate. Er ist somit streng genommen eine Unterart des ElterngeldPlus.

Trotzdem wird häufig eine Unterscheidung in drei Elterngeld-Formen gemacht:

- Basiselterngeld (evtl. mit Partnermonaten)
- ElterngeldPlus
- Partnerschaftsbonus

Info:

Da das Elterngeld monatsbezogen ausgestaltet ist, können die verschiedenen Formen im Bezugszeitraum auch untereinander kombiniert werden (vgl. zu den Details Kapitel 1.4).

1.3.1 Basiselterngeld

Wie bereits dargestellt, besteht beim Basiselterngeld für beide Elternteile gemeinsam ein Anspruch auf zwölf Monate Elterngeld. Liegen die Voraussetzungen für die Partnermonate vor (vgl. Kapitel 1.2.2), werden zwei zusätzliche Monate - in Summe also 14 Monate - Basiselterngeld gewährt.

Durch das Elterngeld werden 65 % bis 100 % der Einkommensminderung nach der Geburt ersetzt (Ersatzrate). Für das Basiselterngeld ist es nicht erforderlich, die Erwerbstätigkeit in vollem Umfang einzustellen. Allerdings führt nur dies zum maximalen Elterngeldbezug, da jeder Hinzuverdienst ab dem ersten Euro das Elterngeld mindert.

1.3.2 ElterngeldPlus

Hintergrund

Viele Eltern können oder wollen ihre Erwerbstätigkeit in den ersten zwölf Monaten nach der Geburt nicht in vollem Maße einstellen. Sie müssen oder wollen früher wieder in das Berufsleben einsteigen und in Teilzeit arbeiten. Die Einkünfte aus der Teilzeittätigkeit erhöhen aber das Nettoeinkommen, verringern dadurch die Einkommensminderung im Vergleich zu Zeiten vor der Geburt und haben somit ein niedrigeres Basiselterngeld zur Folge. Hinzuverdienste während des Elterngeldbezugs mindern daher ab dem ersten Euro das Basiselterngeld. Das ElterngeldPlus schafft hier Erleichterungen.

Funktionsweise

Jeder Elternteil hat die Wahl, statt des Basiselterngeldes das ElterngeldPlus zu beantragen. Aus jedem Monat Anspruch auf Basiselterngeld werden dann zwei Monate Anspruch auf ElterngeldPlus. Die Anzahl der Bezugsmonate verdoppelt sich also.

Im Gegenzug halbiert sich auch das monatliche Elterngeld. Genau genommen ist das ElterngeldPlus betragsmäßig auf die Hälfte des Basiselterngeldes begrenzt, das der Elternteil bekommen hätte, wenn er seine Erwerbstätigkeit in den Elterngeldmonaten in vollem Umfang eingestellt hätte.

Dadurch wird sichergestellt, dass das Elterngeld in Summe unverändert bleibt, wenn im Bezugszeitraum keiner Erwerbstätigkeit nachgegangen wird. Es verlängert sich in diesen Fällen lediglich der Bezugszeitraum.

Wird jedoch im Bezugszeitraum eine (Teilzeit-)Tätigkeit ausgeübt, so ergeben sich durch das ElterngeldPlus enorme positive Effekte. Während es beim Basiselterngeld bei Hinzuverdiensten stets zu einer Kürzung des Elterngeldes kommt, kann diese Kürzung durch das ElterngeldPlus entweder ganz verhindert oder zumindest abgeschwächt werden.

Hinweis:

ElterngeldPlus ist besonders von Interesse, wenn nach der Geburt des Kindes innerhalb des Bezugszeitraums für das Basiselterngeld eine Teilzeitbeschäftigung ausgeübt werden soll.

Verhältnis Basiselterngeld und ElterngeldPlus:

- Die maximale Förderung erhalten Eltern, die ihre Erwerbstätigkeit voll einstellen. Dies sind 14 Monate Basiselterngeld.
- Wird die Erwerbstätigkeit nur teilweise eingestellt (weil Teilzeitbeschäftigung), so erfolgt nach der Grundsystematik des Elterngeldes eigentlich eine geringere staatliche Förderung. Diese Förderung kann jedoch mittels des ElterngeldPlus unter Umständen doch auf das gleiche Niveau angehoben werden wie bei Eltern, die ihre Tätigkeit in vollem Umfang einstellen. Die hierfür maßgebliche Grenze des Teilzeitverdienstes liegt bei 50 % des Nettoeinkommens vor der

Geburt. Oder anders ausgedrückt: Durch das ElterngeldPlus kann im Bezugszeitraum bis zu 50 % des Nettoeinkommens vor der Geburt hinzuverdient werden, ohne dass das Elterngeld (in Summe betrachtet) gekürzt wird.

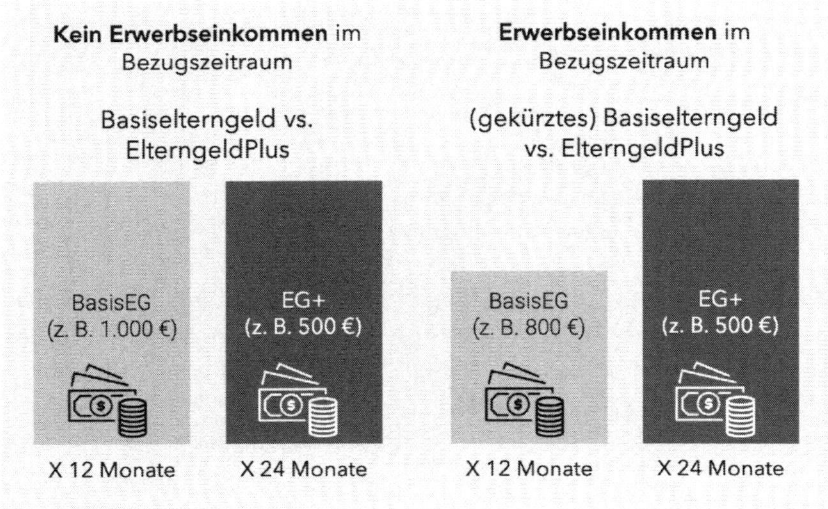

Beispiel 8:
Einem Elternpaar sollen in Summe 14 Monate Basiselterngeld zustehen (wegen Partnermonate). Das maßgebliche Nettoeinkommen der Mutter vor Geburt beträgt 1.500 €. Das maßgebliche Nettoeinkommen des Vaters vor Geburt beträgt 2.000 €. Die Mutter möchte die ersten zwölf Monate ganz zu Hause sein und nicht arbeiten.

Lösung mit Basiselterngeld:
Die Mutter nimmt zwölf Monate Basiselterngeld. Da sie in den ersten beiden Monaten Mutterschaftsleistungen bezogen hat, gelten diese beiden Monate als Monate mit Bezug von Basiselterngeld. Die Mutterschaftsleistungen werden auf das Basiselterngeld angerechnet. Sie entsprechen 100 % des Nettolohns vor Geburt und übersteigen damit das Basiselterngeld, das nur 65 % des Nettolohns vor Geburt beträgt. Es verbleibt in den ersten beiden Monaten also kein Anspruch auf Basiselterngeld.

Das Einkommen der Mutter ist ab dem dritten Monat um 1.500 € gemindert. Das Basiselterngeld beträgt 975 € (= 65 % von 1.500 €). In Summe erhält die Mutter also 9.750 € (= 10 x 975 €) Basiselterngeld.

Das Einkommen des Vaters ist in den ersten beiden Monaten um 2.000 € gemindert. Das Basiselterngeld beträgt für diesen Zeitraum 1.300 € (= 65 % von 2.000 €). Der Vater erhält in Summe 2.600 €.

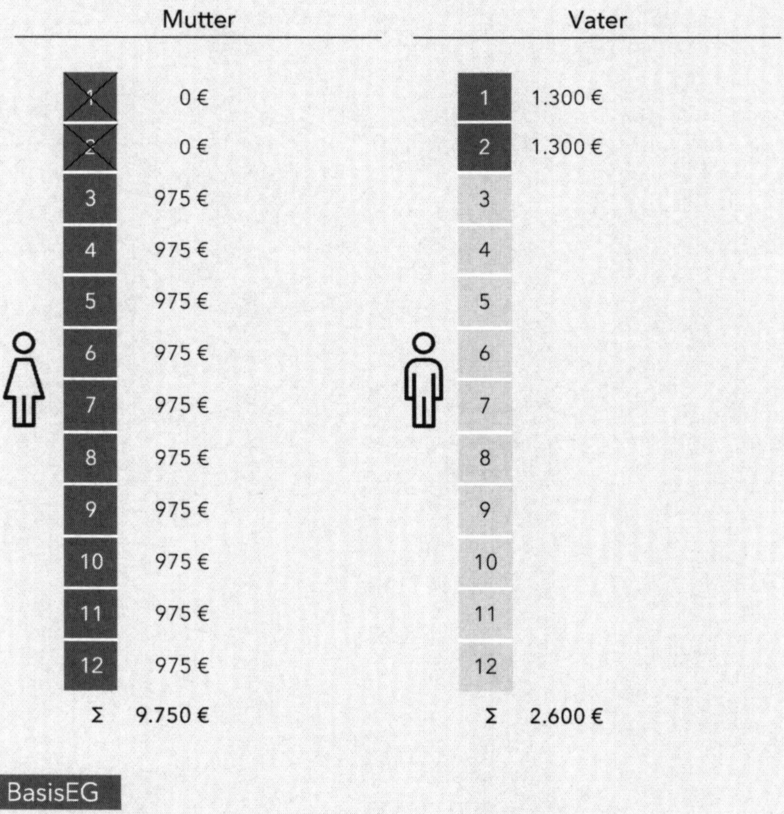

Lösung mit ElterngeldPlus:
Die Mutter kombiniert Basiselterngeld und ElterngeldPlus. Auf sie entfallen zwölf Monate Basiselterngeld. Sie beantragt aber lediglich die ersten vier Monate Basiselterngeld. Für die restlichen acht Monate beantragt sie ElterngeldPlus. Da aus jedem Monat Basiselterngeld zwei Monate ElterngeldPlus werden, erhält sie also ElterngeldPlus für 16 Monate.

Da die Mutter in den ersten beiden Monaten Mutterschaftsleistungen bezogen hat, die das Basiselterngeld übersteigen, besteht kein Anspruch auf Elterngeld. Das Einkommen der Mutter ist im dritten und vierten Monat aber um 1.500 € gemindert. Das Basiselterngeld beträgt für diesen Zeitraum 975 € (= 65 % von 1.500 €).

Ab dem fünften Monat wird für 16 Monate ElterngeldPlus gewährt. Es beträgt zwar grundsätzlich auch 975 €, da das Einkommen der Mutter immer noch um 1.500 € gemindert ist. Allerdings greift die Deckelung auf max. das halbe Basiselterngeld. Das ElterngeldPlus beträgt somit 488 € (= 50 % x 975 €).

In Summe erhält die Mutter also 9.750 € (= 2 x 975 € + 16 x 488 €) Basiselterngeld.

Das Einkommen des Vaters ist in den ersten beiden Monaten um 2.000 € gemindert. Das Basiselterngeld beträgt für diesen Zeitraum 1.300 € (= 65 % von 2.000 €). Der Vater erhält in Summe 2.600 €.

Mutter

Monat	Betrag	Monat	Betrag
1	0 €	13	488 €
2	0 €	14	488 €
3	975 €	15	488 €
4	975 €	16	488 €
5	488 €	17	488 €
6	488 €	18	488 €
7	488 €	19	488 €
8	488 €	20	488 €
9	488 €	21	
10	488 €	22	
11	488 €	23	
12	488 €	24	
Σ	9.750 €		

Vater

Monat	Betrag	Monat	Betrag
1	1.300 €	13	
2	1.300 €	14	
3		15	
4		16	
5		17	
6		18	
7		19	
8		20	
9		21	
10		22	
11		23	
12		24	
Σ	2.600 €		

BasisEG

EG+

Beispiel 9:
Wie Beispiel 8; allerdings möchte die Mutter nur die ersten vier Monate ganz zu Hause sein und nicht arbeiten. Danach will sie ihrer Tätigkeit wieder in Teilzeit (20 Stunden pro Woche) nachgehen. Ihr Nettoeinkommen während des Bezugszeitraums wird 600 € betragen. In den ersten beiden Monaten nach der Geburt bezieht sie Mutterschaftsleistungen i. H. v. 1.500 €. Der Vater will die ersten beiden Monate nach der Geburt ebenfalls nicht arbeiten, danach aber seiner Tätigkeit wieder in Vollzeit nachgehen.

Lösung mit Basiselterngeld:
Die Mutter nimmt zwölf Monate Basiselterngeld. Da sie in den ersten beiden Monaten Mutterschaftsleistungen bezogen hat, gelten diese beiden Monate als Monate mit Bezug von Basiselterngeld. Die Mutterschaftsleistungen werden auf das Basiselterngeld angerechnet. Sie entsprechen 100 % des Nettolohns vor Geburt und übersteigen damit das Basiselterngeld, das nur 65 % des Nettolohns vor Geburt beträgt. Es verbleibt in den ersten beiden Monaten also kein Anspruch auf Basiselterngeld.

Das Einkommen der Mutter ist im dritten und im vierten Monat um 1.500 € gemindert. Das Basiselterngeld beträgt für diesen Zeitraum 975 € (= 65 % von 1.500 €). Danach ist das monatliche Einkommen der Mutter um 900 € gemindert (= von 1.500 € auf 600 €). Das Elterngeld beträgt für diesen Zeitraum 585 € (= 65 % von 900 €).

In Summe erhält die Mutter also 6.630 € (= 2 x 975 € + 8 x 585 €) Basiselterngeld.

Das Einkommen des Vaters ist in den ersten beiden Monaten um 2.000 € gemindert. Das Basiselterngeld beträgt für diesen Zeitraum 1.300 € (= 65 % von 2.000 €). Der Vater erhält in Summe 2.600 €.

Monat	Mutter	Vater
1	0 €	1.300 €
2	0 €	1.300 €
3	975 €	
4	975 €	
5	585 €	
6	585 €	
7	585 €	
8	585 €	
9	585 €	
10	585 €	
11	585 €	
12	585 €	
Σ	6.630 €	2.600 €

BasisEG

Lösung mit ElterngeldPlus:
Die Mutter kombiniert Basiselterngeld und ElterngeldPlus. Auf sie entfallen zwölf Monate Basiselterngeld. Sie beantragt aber lediglich die ersten vier Monate Basiselterngeld. Ab ihrer Teilzeittätigkeit beantragt sie das ElterngeldPlus. Da aus jedem Monat Basiselterngeld zwei Monate ElterngeldPlus werden, erhält sie also ElterngeldPlus für 16 Monate.

Da die Mutter in den ersten beiden Monaten Mutterschaftsleistungen bezogen hat, die das Basiselterngeld übersteigen, besteht also kein Anspruch auf Elterngeld. Das Einkommen der Mutter ist im dritten und vierten Monat aber um 1.500 € gemindert. Das Basiselterngeld beträgt für diesen Zeitraum 975 € (= 65 % von 1.500 €).

Ab der Teilzeittätigkeit ist das monatliche Einkommen der Mutter um 900 € gemindert (= von 1.500 € auf 600 €). Das ElterngeldPlus beträgt für diesen Zeitraum eigentlich 585 € (= 65 % von 900 €). Allerdings greift die Deckelung auf max. das halbe Basiselterngeld. Das ElterngeldPlus beträgt somit 488 € (= 50% von 975 €).

In Summe erhält die Mutter also 9.750 € (= 2 x 975 € + 16 x 488 €) Basiselterngeld.

Das Einkommen des Vaters ist in den ersten beiden Monaten um 2.000 € gemindert. Das Basiselterngeld beträgt für diesen Zeitraum 1.300 € (= 65 % von 2.000 €). Der Vater erhält in Summe 2.600 €.

Mutter

Monat	Betrag	Monat	Betrag
~~1~~	0 €	13	488 €
~~2~~	0 €	14	488 €
3	975 €	15	488 €
4	975 €	16	488 €
5	488 €	17	488 €
6	488 €	18	488 €
7	488 €	19	488 €
8	488 €	20	488 €
9	488 €	21	
10	488 €	22	
11	488 €	23	
12	488 €	24	
Σ	9.750 €		

Vater

Monat	Betrag	Monat	Betrag
1	1.300 €	13	
2	1.300 €	14	
3		15	
4		16	
5		17	
6		18	
7		19	
8		20	
9		21	
10		22	
11		23	
12		24	
Σ	2.600 €		

BasisEG

EG+

Beispiel 10:
Wie Beispiel 9; allerdings sollen die Einkünfte aus der Teilzeittätigkeit während des Bezugszeitraums 800 € betragen.

Lösung mit Basiselterngeld:
Die Mutter nimmt zwölf Monate Basiselterngeld. Da sie in den ersten beiden Monaten Mutterschaftsleistungen bezogen hat, gelten diese beiden Monate als Monate mit Bezug von Basiselterngeld. Die Mutterschaftsleistungen werden auf das Basiselterngeld angerechnet. Sie entsprechen 100 % des Nettolohns vor Geburt und übersteigen damit das Basiselterngeld, das nur 65 % des Nettolohns vor Geburt beträgt. Es verbleibt in den ersten beiden Monaten also kein Anspruch auf Basiselterngeld.

Das Einkommen der Mutter ist im dritten und im vierten Monat um 1.500 € gemindert. Das Basiselterngeld beträgt für diesen Zeitraum 975 € (= 65 % von 1.500 €). Danach ist das monatliche Einkommen der Mutter um 700 € gemindert (= von 1.500 € auf 800 €). Das Elterngeld beträgt für diesen Zeitraum 455 € (= 65 % von 700 €).

In Summe erhält die Mutter also 5.590 € (= 2 x 975 € + 8 x 455 €) Basiselterngeld.

Das Einkommen des Vaters ist in den ersten beiden Monaten um 2.000 € gemindert. Das Basiselterngeld beträgt für diesen Zeitraum 1.300 € (= 65 % von 2.000 €). Der Vater erhält in Summe 2.600 €.

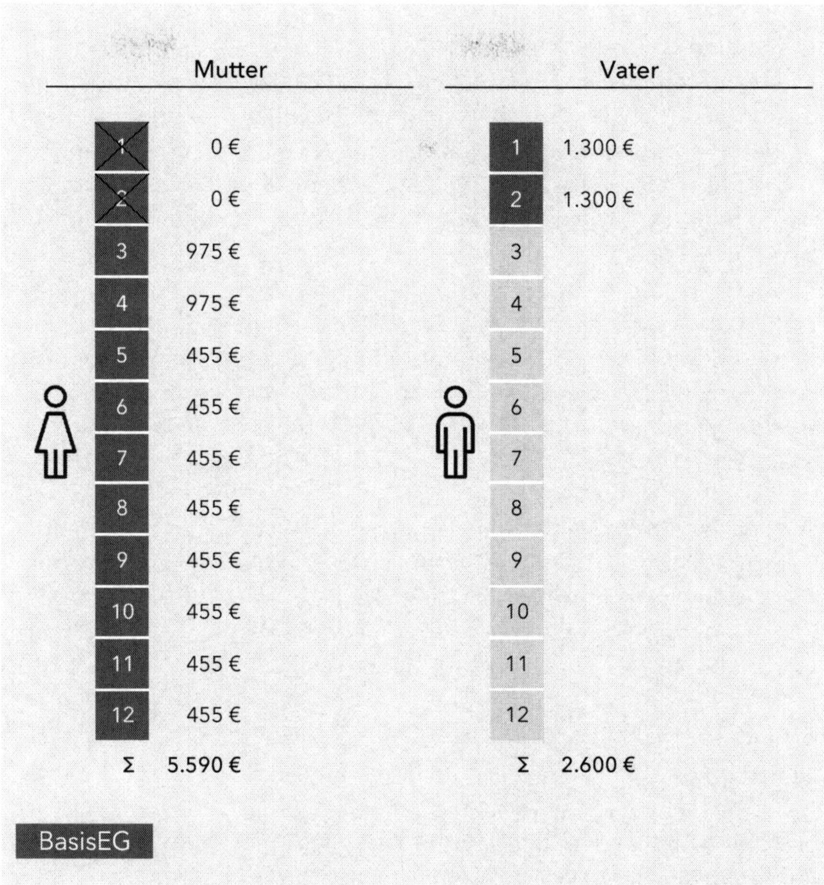
Mutter
Vater
1 0 €
2 0 €
3 975 €
4 975 €
5 455 €
6 455 €
7 455 €
8 455 €
9 455 €
10 455 €
11 455 €
12 455 €
Σ 5.590 €
1 1.300 €
2 1.300 €
3
4
5
6
7
8
9
10
11
12
Σ 2.600 €
BasisEG

Lösung mit ElterngeldPlus:
Die Mutter kombiniert Basiselterngeld und ElterngeldPlus. Auf sie entfallen zwölf Monate Basiselterngeld. Sie beantragt aber lediglich die ersten vier Monate Basiselterngeld. Ab ihrer Teilzeittätigkeit beantragt sie das ElterngeldPlus. Da aus jedem Monat Basiselterngeld zwei Monate ElterngeldPlus werden, erhält sie also ElterngeldPlus für 16 Monate.

Da die Mutter in den ersten beiden Monaten Mutterschaftsleistungen bezogen hat, die das Basiselterngeld übersteigen, besteht kein Anspruch auf Elterngeld. Das Einkommen der Mutter ist im dritten und vierten Monat aber um 1.500 € gemindert. Das Basiselterngeld beträgt für diesen Zeitraum 975 € (= 65 % von 1.500 €).

Ab der Teilzeittätigkeit ist das monatliche Einkommen der Mutter um 700 € gemindert (= von 1.500 € auf 800 €). Das ElterngeldPlus beträgt für diesen Zeitraum grundsätzlich 455 € (= 65 % von 700 €). Die Begrenzung auf max. das halbe Basiselterngeld greift nicht, da die Grenze bei 488 € (= 50 % x 975 €) liegt.

In Summe erhält die Mutter also 9.230 € (= 2 x 975 € + 16 x 455 €) Basiselterngeld.

Das Einkommen des Vaters ist in den ersten beiden Monaten um 2.000 € gemindert. Das Basiselterngeld beträgt für diesen Zeitraum 1.300 € (= 65 % von 2.000 €). Der Vater erhält in Summe 2.600 €.

Mutter

Monat	Betrag	Monat	Betrag
1	0 €	13	455 €
2	0 €	14	455 €
3	975 €	15	455 €
4	975 €	16	455 €
5	455 €	17	455 €
6	455 €	18	455 €
7	455 €	19	455 €
8	455 €	20	455 €
9	455 €	21	
10	455 €	22	
11	455 €	23	
12	455 €	24	
Σ	9.230 €		

Vater

Monat	Betrag	Monat
1	1.300 €	13
2	1.300 €	14
3		15
4		16
5		17
6		18
7		19
8		20
9		21
10		22
11		23
12		24
Σ	2.600 €	

BasisEG

EG+

Beispiel 11:
Einem Elternpaar sollen in Summe 14 Monate Basiselterngeld zustehen (wegen Partnermonate). Die Mutter möchte zehn Monate Basiselterngeld beantragen. Der Vater verdient als Arbeitnehmer vor der Geburt netto 2.000 €. Da die Mutter zehn Monate Basiselterngeld beantragen will, könnte er nun z. B.:

a) vier Monate nicht arbeiten und vier Monate Basiselterngeld beantragen
b) acht Monate nicht arbeiten und acht Monate ElterngeldPlus beantragen
c) vier Monate in Teilzeit arbeiten (Nettoeinkommen = 1.100 €) und vier Monate Basiselterngeld beantragen
d) acht Monate Teilzeit arbeiten (Nettoeinkommen = 1.100 €) und acht Monate ElterngeldPlus beantragen.

	Variante a)	**Variante b)**	**Variante c)**	**Variante d)**
	BasisEG	EG+	BasisEG	EG+
Einkommen vor der Geburt	2.000 €	2.000 €	2.000 €	2.000 €
Einkommen nach der Geburt	- €	- €	1.100 €	1.100 €
Differenz	2.000 €	2.000 €	900 €	900 €
Basiselterngeld in %	65%	65%	65%	65%
Basiselterngeld in €	1.300 €	1.300 €	585 €	585 €
max. 1/2 Basiselterngeld	-	650 €	-	650 €
ElterngeldPlus	-	650 €	-	585 €
niedrigerer Betrag = Eltengeld	1.300 €	650 €	585 €	585 €
Anzahl Monate Bezugsdauer	4	8	4	8
Summe Elterngeldanspruch	**5.200 €**	**5.200 €**	**2.340 €**	**4.680 €**

Wie der Vergleich der Varianten zeigt, macht es bei den Varianten a) und b) in Summe keinen Unterschied, ob der Vater Basiselterngeld oder ElterngeldPlus beantragt. Es verlängert sich lediglich die Bezugsdauer.

Bei den Varianten c) und d) ergibt sich jedoch ein erheblicher Unterschied. Dies liegt daran, dass der Anspruch auf Basiselterngeld und auf ElterngeldPlus pro Monat gleich hoch ist (= 585 €). In diesem Fall greift nämlich aufgrund des gewählten Zahlenbeispiels die Deckelung nicht. Somit erhält der Vater bei Variante d) monatlich genauso viel ElterngeldPlus, wie er Basiselterngeld erhalten würde. Allerdings kann er das ElterngeldPlus doppelt so viele Monate in Anspruch nehmen.

1.3.3 Partnerschaftsbonus

Mit dem Partnerschaftsbonus kann jeder Elternteil vier weitere ElterngeldPlus-Monate beanspruchen. In diesen Fällen wäre somit eigentlich ein maximaler Bezugszeitraum für das ElterngeldPlus im Umfang von 36 Monaten möglich (= 12 Basismonate x 2 + 2 Partnermonate x 2 + 4 Monate Partnerschaftsbonus x 2). Praktisch besteht diese Möglichkeit jedoch wegen des fiktiven Bezugs von Basiselterngeld während der Mutterschutzfristen nur im Umfang von 32 Monaten (zzgl. 2 Monate Basiselterngeld). Die zusätzlichen vier Monate ElterngeldPlus müssen jedoch aufeinanderfolgend beansprucht werden (d. h. ohne Unterbrechung).

Voraussetzung für den Partnerschaftsbonus ist weiter, dass beide Elternteile gleichzeitig in den betreffenden vier Monaten in Teilzeit arbeiten. Sie müssen dabei beide durchschnittlich mindestens 24 Stunden und höchstens 32 Stunden pro Woche beschäftigt sein.

Die zusätzlichen vier Monate ElterngeldPlus müssen von jedem Elternteil in Anspruch genommen werden. Sie sind nicht auf den anderen Elternteil übertragbar.

Beispiel12:
Die Mutter bezieht in den ersten zwei Monaten Mutterschaftsleistungen; danach noch zwei weitere Monate Basiselterngeld. Anschließend arbeitet sie in Teilzeit im Umfang von 24 Stunden pro Woche. Der Vater arbeitet ab diesem Zeitpunkt ebenfalls in Teilzeit. Seine durchschnittliche Wochenarbeitszeit beträgt 32 Stunden. Beide beantragen das ElterngeldPlus samt dem Partnerschaftsbonus.

Beiden Eltern stehen zusammen grundsätzlich 14 Monate Basiselterngeld zu. Da die Mutter bereits vier Basiselterngeldmonate verbraucht hat (= 2 x Mutterschaftsleistungen + 2 x Basiselterngeld), verbleibt noch ein Anspruch auf zehn Monate Basiselterngeld. Dies entspricht 20 Monaten ElterngeldPlus. Da die Voraussetzungen für den verlängerten Partnerschaftsbonus vorliegen, können beide Eltern jeweils noch zusätzliche vier Monate (in Summe also acht Monate) ElterngeldPlus in Anspruch nehmen. Somit stehen den Eltern 28 Monate ElterngeldPlus zur Verfügung.

Diese werden auf Antrag der beiden Elternteile auf beide gleichmäßig verteilt, da sie gleichzeitig Elterngeld beziehen möchten.

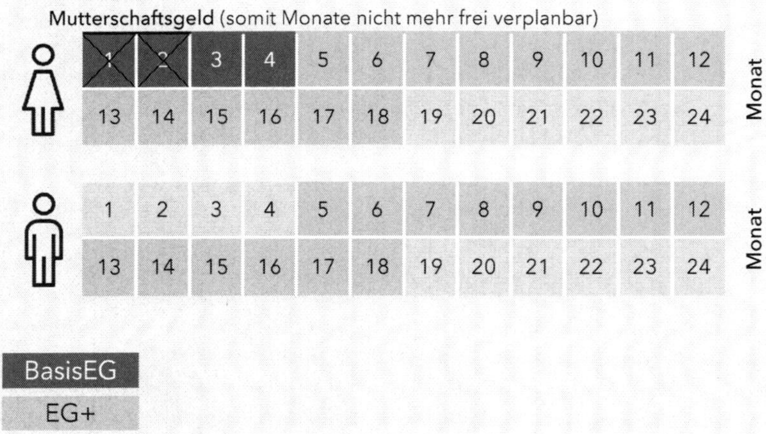

1.4 Kombinationsmöglichkeiten

Elterngeld können Eltern ab der Geburt ihres Kindes erhalten. Es ist eine monatliche Leistung. Man kann sich deshalb grundsätzlich monatsweise (d. h. für jeden Lebensmonat des Kindes) individuell entscheiden, welche Variante des Elterngeldes man haben möchte.

Da das Elterngeld außerdem Mutter und Vater gemeinsam zusteht, können die Monate auch nahezu beliebig zwischen den beiden aufgeteilt werden (Einschränkungen gibt es z. B. beim Partnerschaftsbonus, vgl. Kapitel 1.3.3). Darüber hinaus muss Elterngeld nicht am Stück genommen werden. Es kann (innerhalb der ersten 14 Lebensmonate des Kindes) auch unterbrochen werden.

Aufgrund der vielen Wahlmöglichkeiten kann der Elterngeldbezug äußerst flexibel gestaltet und an die individuellen Wünsche angepasst werden. Es bieten sich zahlreiche Kombinationsmöglichkeiten.

1.4.1 Lebensmonate

Elterngeld wird in Monatsbeträgen gezahlt. Maßgebend sind jedoch nicht die Kalendermonate (als z. B. Januar, Februar, März usw.), sondern die *Lebensmonate* des Kindes.

Wird ein Kind beispielsweise am 03.08.2019 geboren, so beginnt an diesem Tag der erste Lebensmonat und endet am 02.09.2019.

Elterngeld wird nur für Lebensmonate des Kindes bezahlt, in denen die Voraussetzungen für Elterngeld (vgl. Kapitel 2) an allen Tagen erfüllt sind.

Beispiel13:
Das Kind wird am 03.08.2019 geboren. Die Mutter nimmt zwölf Monate Basiselterngeld in Anspruch. Der Vater beantragt für den vierten und fünften Monat Basiselterngeld.

Der Bezugszeitraum der Mutter beginnt am 03.08.2019 und endet am 02.08.2020.

Der Bezugszeitraum des Vaters beginnt am 03.11.2019 und endet am 02.01.2020.

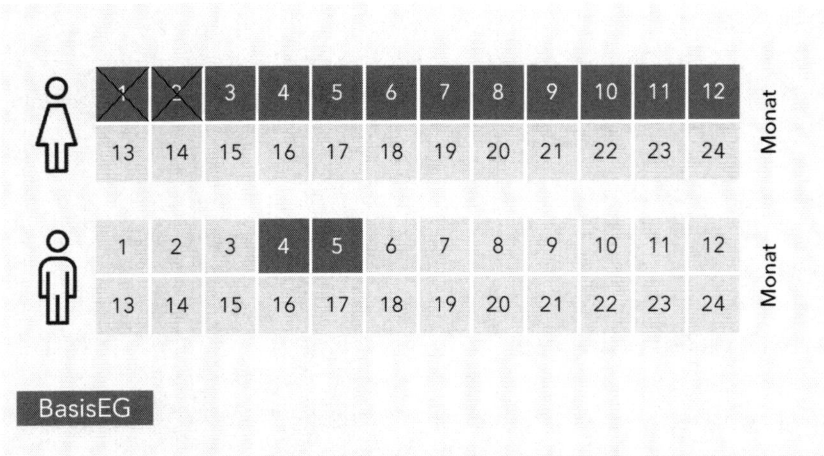

Hinweis:

Während sich der *Bemessungszeitraum* für die Höhe des Elterngeldes nach Kalendermonaten bestimmt (zumindest bei nichtselbständiger Erwerbstätigkeit), kommt es beim *Bezugszeitraum* für die Dauer der Elterngeldzahlung auf Lebensmonate an.

Anzahl der Lebensmonate

Die Anzahl der Lebensmonate, in denen die Eltern Elterngeld beziehen - die ihnen also für die Verplanung untereinander zur Verfügung stehen - hängt stark davon ab, welches Elterngeld sie beantragen. Wie bereits dargestellt, sind es grundsätzlich zwölf Monate Basiselterngeld, die sich aber noch um zwei Monate erhöhen können, wenn die Voraussetzungen für die Partnermonate vorliegen (vgl. Kapitel 1.2.2). Wird ElterngeldPlus beantragt, so werden aus jedem Monat Basiselterngeld zwei Monate ElterngeldPlus und sofern die Voraussetzungen für den Partnerschaftsbonus gegeben sind, können noch einmal acht zusätzliche Monate ElterngeldPlus hinzukommen (vgl. 1.3.3).

1.4.2 Einschränkungen beim Kombinieren

Auch wenn die Elterngeldmonate grundsätzlich frei kombinierbar sind, so gibt es doch ein paar (teilweise schon genannte) Einschränkungen zu beachten. Diese sind:

- Kein Elternteil darf mehr als zwölf Monate Basiseltern oder weniger als zwei Monate Basiselterngeld beziehen.
- Monate mit Mutterschaftsleistungen zählen für die Mutter per gesetzlicher Definition als Monate mit Basiselterngeldbezug. Sie stehen für die freie Planung also nicht mehr zur Verfügung.
- Ab dem 15. Lebensmonat kann nur noch ElterngeldPlus in Anspruch genommen werden. Basiselterngeld scheidet dann aus.
- Ab dem 15. Lebensmonat steht den Eltern ElterngeldPlus nur zu, wenn es von mindestens einem Elternteil in aufeinanderfolgenden Lebensmonaten beansprucht wird.
- Beim Partnerschaftsbonus müssen beide Eltern in vier aufeinanderfolgenden Lebensmonaten gleichzeitig in Teilzeit beschäftigt sein. Das heißt, sie dürfen nicht weniger als 24 und nicht mehr als 32 Wochenstunden im Monatsdurchschnitt erwerbstätig sein (wegen weiterer Details vgl. Kapitel 1.3.3).

1.4.3 Unterstützung durch den Elterngeld-Planer

Eine gute Hilfestellung beim Ausprobieren verschiedener Kombinationsmöglichkeiten bietet der frei im Internet verfügbare Elterngeld-Planer des Familienministeriums. Abrufbar unter:

https://familienportal.de/familienportal/meta/egr

1.4.4 Beispiele

Beispiel14:
Die Mutter erhält in den ersten beiden Lebensmonaten des Kindes Mutterschaftsleistungen. Für den dritten, vierten und fünften Monat beantragt sie Basiselterngeld. Danach will sie in Teilzeit arbeiten und beantragt 14 Monate ElterngeldPlus.

Der Vater nimmt in den ersten beiden Lebensmonaten des Kindes Elternzeit und beantragt Basiselterngeld.

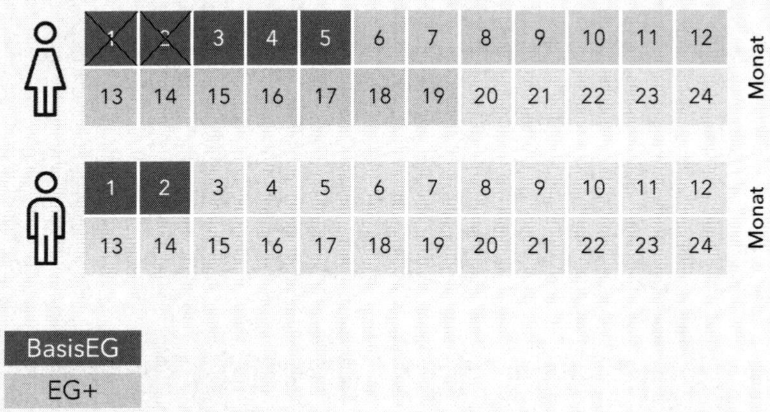

Beispiel15:
Die Mutter bezieht in den ersten vier Monaten Basiselterngeld. In den ersten beiden Monaten erhält sie Mutterschaftsleistungen. Ab dem fünften Monat arbeiten sie und der Vater jeweils in Teilzeit zwischen 24 und 32 Stunden pro Woche. Sie beanspruchen daher jeweils für 14 Monate ElterngeldPlus.

Ermittlung der Bezugsmonate ElterngeldPlus:

Basiselterngeld	12 Monate
+ Partnermonate	2 Monate
Summe Monate Basiselterngeld	**14 Monate**
- Basiselterngeld (Mutter)	4 Monate
Verbleibender Anspruch Basiselterngeld	**10 Monate**
x 2 für Anspruch ElterngeldPlus	
Zwischensumme ElterngeldPlus	**20 Monate**
+ Partnerschaftsbonus Mutter	4 Monate
+ Partnerschaftsbonus Vater	4 Monate
Summe ElterngeldPlus	**28 Monate**
davon Mutter	14 Monate
davon Vater	14 Monate

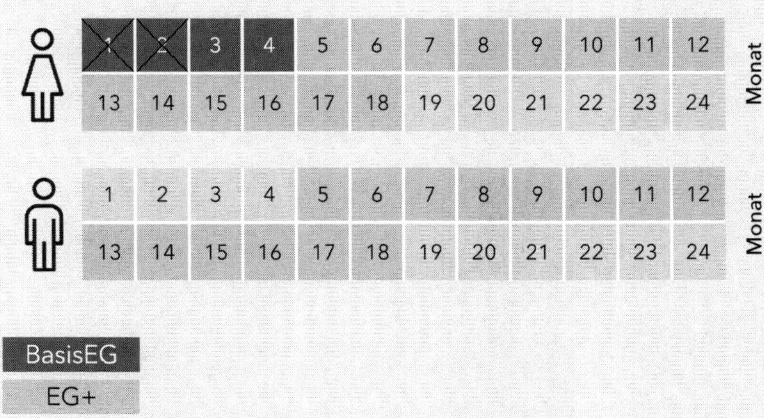

Variante:

Die Lösung des o. g. Beispiels ist sinnvoll und praxisgerecht. Rein theoretisch hätten die Eltern ihre Elterngeldmonate aber auch ganz anders aufteilen können. Beispielsweise so:

Da die Mutter in den ersten beiden Monaten Mutterschaftsleistungen bezieht, sind diese bereits als Monate bis Basiselterngeld verbraucht. Im dritten und vierten Lebensmonat nimmt die Mutter gar kein Elterngeld. Dafür nimmt der Vater aber ab dem dritten Lebensmonat für vier Monate Basiselterngeld.

Die Mutter beantragt erst wieder ab dem fünften bis zum zehnten Monat Elterngeld - nun aber in der Variante des ElterngeldPlus. Der Vater nimmt im Anschluss an seine Zeit mit Basiselterngeld ab dem siebten Monat bis zum 14. Monat ebenfalls ElterngeldPlus. Somit haben vom siebten bis zum zehnten Monat beide Eltern ElterngeldPlus und schaffen (da sie ja auch bei in Teilzeit arbeiten) dadurch die Voraussetzungen für den Partnerschaftsbonus.

Die Mutter nimmt dann im elften und zwölften Monat noch einmal Basiselterngeld (wäre auch noch bis zum 14. Monat möglich). Ab dem 13. Monat entscheidet sie sich für ElterngeldPlus bis zum 18 Monat.

2 WER BEKOMMT ELTERNGELD?

Auf einen Blick!

- Elterngeld gibt es für gemeinsam erziehende, getrennt erziehende und alleinerziehende Eltern.
- Elterngeld ist aber an bestimmte Voraussetzungen geknüpft.
- Eine Voraussetzung ist, dass der Elternteil im Bezugszeitraum nicht oder nicht voll erwerbstätig sein darf (max. 32 Stunden im Wochendurchschnitt).
- Elterngeld können sowohl Arbeitnehmer (inkl. Beamte) als auch Selbständige beziehen.
- Außerdem gibt es Elterngeld auch für Hausfrauen/-männer, Schüler, Studenten, Arbeitslose, Volontäre usw.

2.1 Voraussetzungen im Überblick

Anspruch auf Elterngeld hat, wer

- einen Wohnsitz oder seinen gewöhnlichen Aufenthalt in Deutschland hat,
- mit seinem Kind in einem Haushalt lebt,
- dieses Kind selbst betreut und erzieht und
- keine oder keine volle Erwerbstätigkeit ausübt.

Es bestehen also im Grunde vier Anspruchsvoraussetzungen, die für das Elterngeld erfüllt sein müssen. Hier soll aber im Folgenden aus Vereinfachungsgründen lediglich auf die letzte Voraussetzung *keine oder keine volle Erwerbstätigkeit* näher eingegangen werden (vgl. Kapitel 2.2).

Die Anspruchsvoraussetzungen müssen von Anfang an während des gesamten Bezugszeitraums, also in jedem einzelnen Monat, für den Elterngeld bezogen werden soll, vorliegen.

Daneben gibt es auch noch einige Sonderkonstellationen, bei denen die o. g. Voraussetzungen nicht erfüllt sind, die aber dennoch zum Bezug von Elterngeld berechtigen (z. B. Stiefkinder, u. U. Enkelkind usw.). Außerdem gibt es Konstellationen, bei denen zusätzliche Voraussetzungen erfüllt sein müssen (z. B. nicht freizügigkeitsberechtigte Ausländer).

Hinweis:

Nicht relevant für den Bezug von Elterngeld ist, ob bzw. welche Art der Erwerbstätigkeit vor der Geburt vorgelegen hat (Arbeitnehmer, Beamte, Selbständige, Hausfrauen/-männer usw.). Es ist also ausdrücklich nicht erforderlich, dass vor der Geburt überhaupt eine Erwerbstätigkeit ausgeübt wurde.

2.1.1 Sonderfall: Alleinerziehende

Der Anspruch auf Elterngeld steht natürlich auch Alleinerziehenden zu. Hier gelten einige Sonderregelungen, um einen höheren Anspruch auf Elterngeld zu begründen, beziehungsweise das Elterngeld dem von gemeinsam erziehenden Eltern anzugleichen. Daher können Alleinerziehende auch die beiden Partnermonate und die vier Monate Partnerschaftsbonus in Anspruch nehmen.

Hinweis:

Ein Elternteil gilt für das Elterngeld dann als alleinerziehend, wenn

- er auch steuerlich als alleinerziehend gilt (Entlastungsbetrag für Alleinerziehende) und
- der andere Elternteil weder mit ihm noch mit dem Kind in einer Wohnung lebt.

2.1.2 Sonderfall: Getrennt Erziehende

Eltern, die zwar nicht zusammenleben, sich aber die Betreuung des gemeinsamen Kindes teilen, gelten für das Elterngeld als getrennt Erziehende. Voraussetzung ist aber, dass beide Eltern mit dem Kind eine häusliche Gemeinschaft haben. Das Kind muss also in zwei Haushalte eingegliedert sein. Es muss in jedem Haushalt mindestens ein Drittel der Zeit wohnen. Ist diese Voraussetzung bei einem Elternteil nicht erfüllt, so erhält er kein Elterngeld.

Hinweis:

Beide Eltern können unter den o. g. Voraussetzungen unabhängig voneinander Elterngeld beziehen. Für welche Bezugsvariante sich der andere Elternteil entschieden hat, ist unerheblich.

2.1.3 Sonderfall: Spitzenverdiener

Keinen Anspruch auf Elterngeld hat, wer im letzten abgeschlossenen Veranlagungszeitraum vor der Geburt des Kindes ein zu versteuerndes Einkommen von mehr als 250.000 € erzielt hat. Das Einkommen der Eltern darf zusammen 300.000 € nicht übersteigen.

2.2 Keine oder keine volle Erwerbstätigkeit

2.2.1 Keine Erwerbstätigkeit

Der Begriff der Erwerbstätigkeit ist vom Gesetzgeber relativ weit gefasst. So zählt beispielsweise auch bezahlter (angesparter) Urlaub oder Krankheit (mit Anspruch auf Lohnfortzahlung) als Erwerbstätigkeit. In diesen Zeiten ist der Bezug von Elterngeld daher ausgeschlossen.

Keine Erwerbstätigkeit ist aber zum Beispiel in folgenden Situationen gegeben. In diesen Fällen besteht grundsätzlich Anspruch auf Elterngeld:

- Beschäftigungsverbot während Mutterschutzfrist
- Personen in Elternzeit
- Hausfrauen/-männer
- Schüler und Studenten
- Arbeitslosigkeit

2.2.2 Keine volle Erwerbstätigkeit

Eine Person ist nicht voll erwerbstätig, wenn

- ihre Arbeitszeit 32 Wochenstunden im Durchschnitt des Monats nicht übersteigt,
- sie eine Beschäftigung zur Berufsbildung ausübt oder
- sie eine geeignete Tagespflegeperson i. S. § 23 SGB VIII ist und nicht mehr als fünf Kinder in Tagespflege betreut.

Hinweis:

Wichtig ist die durchschnittliche wöchentliche Arbeitszeit eines Monats. Wenn in einer einzelnen Woche die Arbeitszeit von 32 Stunden überschritten wird, so ist dies unbeachtlich (solange der Durchschnitt 32 Stunden nicht überschreitet).

3 WIE HOCH IST DAS ELTERNGELD? - ARBEITNEHMER

Auf einen Blick!

Für die Höhe des Elterngeldes sind insbesondere drei Faktoren wichtig: *Einkommen vor Geburt, Einkommen nach Geburt* und *Ersatzrate*.

Einkommen vor Geburt:
(= *Elterngeld-Netto)* Hier gilt: Je höher das Elterngeld-Netto, desto höher ist das Elterngeld!

- Maßgeblich ist der Bemessungszeitraum (= i. d. R. 12 Monate vor Geburt bzw. Beginn des Mutterschutzes).
- Es zählen z. B. nicht mit: Weihnachtsgeld, Urlaubsgeld, Provisionen, Sonntags-, Feiertags- und Nachtzuschläge
- Ein rechtzeitiger Steuerklassenwechsel kann sich lohnen.

Wegfallendes Einkommen:
(= Differenz aus Einkommen vor und nach Geburt) Hier gilt: Je mehr Einkommen nach Geburt, desto niedriger ist das Elterngeld!

- Maßgeblich ist der Bezugszeitraum
- Oft vergessen: PV-Anlage, nebenberufliche Tätigkeiten, Firmenwagen

Ersatzrate:
Meist zwischen 65 % und 100 % (oft 67 %)

Außerdem wichtig:

- Für ältere Geschwister und bei Mehrlingsgeburten gibt es einen Zuschlag auf das Elterngeld.
- Bestimmte staatliche Leistungen während des Bezugszeitraums werden auf das Elterngeld angerechnet (z. B. Mutterschaftsleistungen).

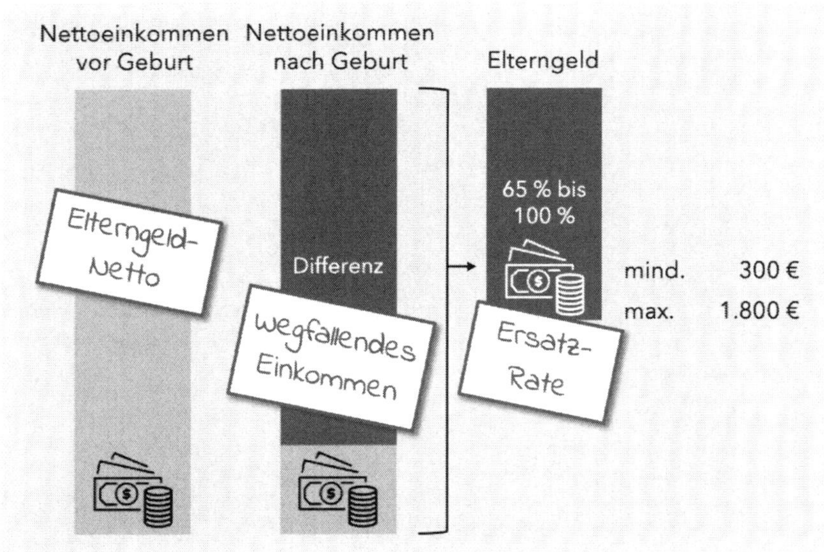

3.1 Nettoeinkommen als Ausgangsgröße

Wie bereits erläutert, ist das Elterngeld eine einkommensabhängige staatliche Leistung. Es wird für jeden Elternteil separat ermittelt. Daher ist es erforderlich, das Nettoeinkommen vor Geburt des Kindes jedes Elternteils zu bestimmen.

Hinweis:

Je höher das Nettoeinkommen im Bemessungszeitraum ist, desto höher ist der Anspruch auf Elterngeld (max. aber 1.800 €).

Berücksichtigt wird nur Erwerbseinkommen aus nichtselbständiger oder selbständiger Tätigkeit. In diesem Kapitel wird aber nur auf Einkünfte aus nichtselbständiger Tätigkeit (= Arbeitnehmer) eingegangen (vgl. zu Einkünften aus selbständiger Tätigkeit Kapitel 4).

Einnahmen, die kein Erwerbseinkommen sind, werden nicht als Einkommen berücksichtigt. Dies gilt auch für sogenannte *Entgeltersatzleistungen*[1]. Nicht eingerechnet werden also zum Beispiel:

- Einkünfte aus Kapitalvermögen
- Einkünfte aus Vermietung und Verpachtung
- Arbeitslosengeld I
- Kurzarbeitergeld
- Krankengeld
- Erwerbsminderungsrente

3.1.1 Bemessungszeitraum

Bei der Ermittlung des Einkommens vor Geburt des Kindes wird nicht nur auf die Einkünfte des letzten Monats vor der Geburt abgestellt, sondern auf einen Zwölfmonatszeitraum (= Bemessungszeitraum).

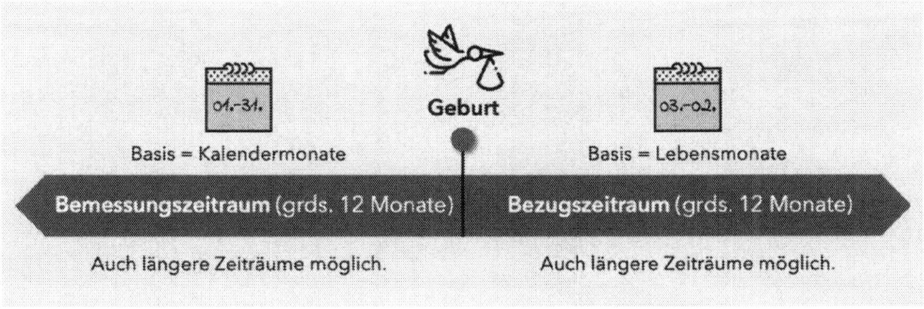

Der Bemessungszeitraum unterscheidet sich bei nichtselbständiger und selbständiger Erwerbstätigkeit (letztere vgl. Kapitel 4).

Ermittlung bei nichtselbständiger Erwerbstätigkeit (Arbeitnehmer):
Zur Ermittlung dieses Einkommens wird auf das durchschnittliche Nettoeinkommen der letzten zwölf Kalendermonate vor dem Monat der Geburt des Kindes abgestellt.

1 Zur Abmilderung der Folgen der Corona-Krise wurden auch beim Elterngeld spezielle gesetzliche Anpassungen vorgenommen. Demnach entsteht u. a. bei der Berechnung des Elterngeldes kein Nachteil, wenn werdende Eltern wegen Corona (!) in Kurzarbeit sind oder gar arbeitslos wurden (nur bei ALG I) und so im Bemessungszeitraum weniger verdienen (vgl. dazu Kapitel 8: Sonderteil: Corona).

Hinweis:

Besonderheit bei Müttern:
Bei der Mutter des Kindes ist jedoch zu berücksichtigen, dass diese i. d. R. ab sechs Wochen vor der Geburt in Mutterschutz geht. Somit ist für die Bestimmung des Bemessungszeitraums bei nichtselbständiger Erwerbstätigkeit (= Arbeitnehmer) das Datum des Beginns des Mutterschutzes maßgeblich.

Beispiel 16:
Die Mutter ging vor Geburt des Kindes seit Jahren einer nichtselbständigen Erwerbstätigkeit nach. Das Kind wurde am 23.08.2019 geboren. Die Mutter ging ab 12.07.2019 in Mutterschutz.

Lösung mit Basiselterngeld:
Der maßgebliche Bemessungszeitraum für das Elterngeld der Mutter sind die letzten zwölf Kalendermonate vor dem Monat des Beginns des Mutterschutzes. Da der Mutterschutz im Juli 2019 begann, endet der Zwölfmonatszeitraum im Juni 2019 und beginnt im Juli 2018.

Weitere Ausnahmen gelten zum Beispiel, wenn im eigentlichen zwölfmonatigen Bemessungszeitraum

- Elterngeld für ein älteres Kind bezogen wurde oder
- eine schwangerschaftsbedingte Krankheit vorlag.

Bei nichtselbständiger Erwerbstätigkeit (Arbeitnehmer) werden die betreffenden Monate ausgeklammert. Der Bemessungszeitraum wird also nach hinten (= weiter in die Vergangenheit) geschoben. Oftmals wurden hier höhere Einkommen erwirtschaftet, so dass sich in der Regel auch ein höherer Elterngeldanspruch ergibt.

Beispiel 17:
Das Kind wird am 21.06.2019 geboren. Die Mutter erzielte vor Geburt Einkünfte aus nichtselbständiger Erwerbstätigkeit. Ihr Mutterschutz begann am 10.05.2019. Von August 2017 bis Juli 2018 (= 12. Lebensmonat) bezog sie noch Elterngeld für ein älteres Kind.

Lösung:
Der Bemessungszeitraum der Mutter endet im April 2019 (= Monat vor dem Monat des Beginns des Mutterschutzes) und beginnt grundsätzlich im Mai 2018. Da sie von August 2017 bis Juli 2018 aber noch Elterngeld bezog, werden die Überschneidungs-Monate Mai 2018 - Juli 2018 (3 Monate) übersprungen bzw. ausgeklammert. Maßgeblich ist also ihr durchschnittliches Nettoeinkommen von Mai 2017 - Juli 2017 (3 Monate) und von August 2018 - April 2019 (9 Monate).

Auf die erläuterte Systematik der „Ausklammerung" von bestimmten Monaten kann verzichtet werden. Dazu ist ein entsprechender Antrag im Rahmen des Elterngeldantrags zu stellen. Dies ist sinnvoll, wenn die „Ausklammerung" ausnahmsweise zu einem niedrigeren Elterngeld führen würde (z. B. weil in den auszuklammernden Monaten Teilzeit gearbeitet wurde, in den davorliegenden - stattdessen einzubeziehenden - Monaten aber nicht). In den allermeisten Fällen dürfte sich die Ausklammerung aber positiv auswirken, so dass kein spezieller Antrag gestellt zu werden braucht.

3.1.2 Elterngeld-Netto

Das Einkommen, das für das Elterngeld maßgeblich ist, wird auch *Elterngeld-Netto* genannt. Es entspricht nicht dem tatsächlichen Nettogehalt, sondern wird ausgehend vom Bruttogehalt durch pauschale Steuer- und Sozialabgaben berechnet. Das Elterngeld-Netto ist also eine rein fiktive Größe, die lediglich für Zwecke des Elterngeldes ermittelt wird.

Bruttoarbeitslohn und pauschale Abzüge

Ausgangspunkt für die Ermittlung des Elterngeld-Netto sind die Lohn- und Gehaltsbescheinigungen des Arbeitgebers. Sie weisen den Bruttoarbeitslohn aus. Hiervon ausgehend ergibt sich folgende Berechnung der Elterngeldstelle:

Berechnungsschema der Elterngeldstelle	**Beispiel**[1]
gesamtes Brutto im Bemessungszeitraum ÷ 12	2.400,00 €
- Werbungskosten (pauschal von 1.000 € ANPB ÷ 12)	83,33 €
= durchschnittliches Brutto-Monats-Einkommen	**2.316,67 €**
- pauschale Steuern (ESt, SolZ, KiSt)	312,67 €
- pauschale Sozialabgaben (KV/PV/RV/AV)	504,00 €
= Elterngeld-Netto	**1.500,00 €**

Info:

Wie dargestellt entspricht das Elterngeld-Netto in Wirklichkeit nicht dem tatsächlichen Nettogehalt. Aus Vereinfachungsgründen ist in den nachfolgenden Beispielen das Nettoeinkommen dem Elterngeld-Netto aber gleichgesetzt. So bleibt bei den Beispielen der Fokus auf das Wesentliche erhalten.

Sachbezüge

Da auf den Lohn- und Gehaltsabrechnungen auch Sachbezüge aufgeführt sind, zählen sie (zum Vorteil der Eltern) bei der Ermittlung des maßgeblichen Nettoeinkommens mit. Dies betrifft zum Beispiel:

- den geldwerten Vorteil aus der priv. Nutzung eines Firmenwagens
- Mahlzeitengestellungen
- gestellte Wohnung/Unterkunft

2 Die Werte sind nur Richtgrößen zur Verdeutlichung des Beispiels. Die exakten Werte sind wegen des geänderten Steuerbetrags von Jahr zu Jahr unterschiedlich.

Hinweis:

Steuerfreie Lohnbestandteile zählen jedoch (zum Nachteil der Eltern) nicht zum Elterngeld-Netto. Dies betrifft z. B.:

- Sachbezüge bis 44 €
- steuerfreie Sonntags-, Feiertags- und Nachtzuschläge
- steuerfreie Kita-Zuschüsse
- steuerfreies Jobticket
- Trinkgelder

Sonstige Bezüge

Sonstige Bezüge bleiben bei der Ermittlung des Einkommens (zum Nachteil der Eltern) unberücksichtigt. Was *Sonstige Bezüge* sind bestimmt sich nach dem Lohnsteuerrecht. Gemeint ist Arbeitslohn, der nicht als laufender Arbeitslohn gezahlt wird. Hierzu zählen u. a.:

- 13. und 14. Monatsgehälter
- Weihnachtszuwendungen
- Provisionen, die nicht fortlaufend gezahlt werden
- Leistungsprämien
- Urlaubsgelder, die nicht fortlaufend gezahlt werden
- Entschädigungen zur Abgeltung nicht genommenen Urlaubs
- Gratifikationen und Tantiemen, die nicht fortlaufend gezahlt werden
- einmalige Abfindungen und Entschädigungen
- Jubiläumszuwendungen
- Vergütungen für Erfindungen

3.1.3 Tipp - Wechsel der Steuerklasse

Wie dargestellt, wird bei der Ermittlung des Elterngeld-Netto ein pauschaler Steuerabzug vorgenommen. Dieser ermittelt sich jedoch ausgehend von der individuellen Lohnsteuerklasse des betroffenen Elternteils. Bei verheirateten Eltern ergibt sich hier eine Gestaltungsmöglichkeit.

Ausgangssituation

Arbeitnehmer-Ehegatten erhalten standardmäßig die Steuerklasse IV. Dies entspricht der Steuerklasse I bei ledigen Arbeitnehmern.

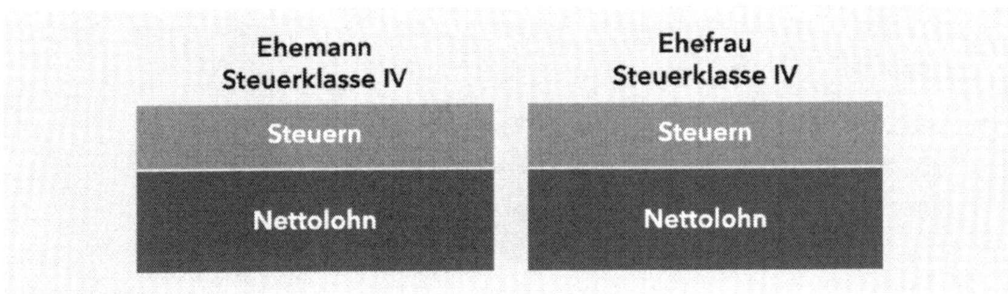

Arbeitnehmer-Ehegatten können jedoch auch beantragen, dass einer von ihnen die günstigere Steuerklasse III und der andere die schlechtere Steuerklasse V erhält. Als Folge werden beim Ehegatten mit der Steuerklasse III monatlich weniger Steuern einbehalten und es ergibt sich ein höheres Nettogehalt. Im Gegenzug muss der Ehegatte mit der Steuerklasse V monatlich mehr Steuern bezahlen und erhält somit ein niedrigeres Nettogehalt. Ist der monatliche Bruttolohn des Ehegatten mit der Steuerklasse III höher als der monatliche Bruttolohn des Ehegatten mit der Steuerklasse V, ergibt sich für die Familie per Saldo ein positiver Effekt.

Dieser Effekt ergibt sich allerdings nur unterjährig - also vorübergehend. Wird nämlich nach Ablauf des Kalenderjahres eine Einkommensteuererklärung abgegeben, so erfolgt eine neue Steuerberechnung. Für diese Steuerberechnung ist es unerheblich, welche Lohnsteuerklassen unterjährig gewählt wurden.

Unser Tipp:

Faktorverfahren

Eine weitere Möglichkeit besteht in der Wahl der Steuerklassen IV mit Faktor für beide Ehegatten (= sog. *Faktorverfahren*). Grundsätzlich sind die sich hieraus ergebenden Steuereffekte jedoch geringer als bei der Wahl der Steuerklassen III/V. Abhängig vom Einzelfall sollte aber auch diese Möglichkeit in Bezug auf das Elterngeld geprüft werden (vgl. hierzu auch www.bmf-steuerrechner.de).

Problemstellung

Problematisch ist diese steuerliche Besonderheit in Bezug auf das Elterngeld, wenn der Ehemann ein höheres monatliches Bruttogehalt hat. Denn häufig wird in diesen Fällen für den Ehemann die Steuerklasse III beantragt, so dass er unterjährig ein höheres Nettoeinkommen erhält. Gleichzeitig erhält die Ehefrau jedoch ein niedriges Nettoeinkommen.

Da die Ehefrau häufig mehr Elterngeldmonate beantragt als der Ehemann, ergibt sich somit aus der typischen Steuerklassenwahl eine Schlechterstellung beim Elterngeld.

Lösung

Die Nachteile beim Elterngeld können vermieden werden, wenn die Ehefrau (trotz ihres niedrigeren Einkommens) die Steuerklasse III wählt. Dadurch steigt ihr Nettoeinkommen und damit auch die Bemessungsgrundlage für ihren Elterngeldbezug. Für den Ehemann ergeben sich nur unterjährig steuerliche Nachteile. Da nach Abgabe der Steuererklärung ohnehin eine erneute Berechnung der Steuer stattfindet, gleichen sich diese Nachteile wieder aus (z. B. durch eine höhere Steuererstattung).

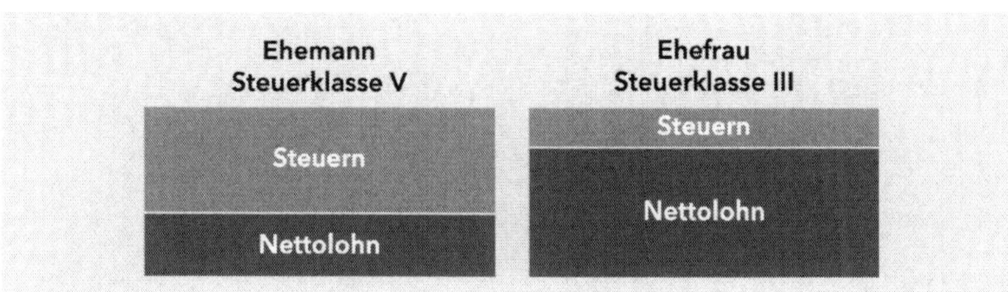

Unser Tipp:

Kinderfreibeträge nutzen!

Dieselben Effekte ergeben sich auch bei anderen steuerlichen Möglichkeiten, das monatliche Nettoeinkommen zu erhöhen, soweit keine Werbungskosten betroffen sind. Beispielsweise funktioniert auch die Eintragung oder Übertragung von Kinderfreibeträgen.

Hinweis:

Die Gestaltung funktioniert jedoch nur, wenn rechtzeitig reagiert wird!

Die Elterngeldstelle berücksichtigt zwar grundsätzlich die zuletzt gewählte Steuerklasse (z. B. Steuerklasse III). Dies gilt aber nur, wenn im Bemessungszeitraum keine andere Steuerklasse länger gegolten hat.

Somit muss die günstige Steuerklasse mindestens die letzten sechs Monate des Bemessungszeitraums gegolten haben, damit sie sicher berücksichtigt werden kann. Da der Wechsel der Steuerklasse erst im Monat nach Beantragung wirksam wird, muss also grundsätzlich sieben Monate vor dem Monat der Geburt beziehungsweise dem Beginn des Mutterschutzes reagiert werden!

Unser Tipp:

Rechtzeitig wechseln!
Will man hier auf Nummer sicher gehen, beantragt man den Steuerklassenwechsel gleich ab dem Zeitpunkt, ab dem man versucht, schwanger zu werden.

3.2 Wegfallendes Einkommen

Die Ersatzrate (vgl. Kapitel 3.3) ist auf den Unterschiedsbetrag zwischen dem Nettoeinkommen vor Geburt (= Elterngeld-Netto) und dem Nettoeinkommen nach Geburt (d.h. im Bezugszeitraum) anzuwenden. Dieser Unterschiedsbetrag wird auch wegfallendes Einkommen genannt.

3.2.1 Bezugszeitraum

Um das wegfallende Einkommen im Bezugszeitraum ermitteln zu können, muss zunächst festgelegt werden, was der Bezugszeitraum ist. Die Eltern können die verschiedenen Elterngeldvarianten ja nahezu beliebig miteinander kombinieren. Wie lange also der Bezugszeitraum bei Mutter und Vater jeweils ist, hängt immer vom individuellen Einzelfall ab (vgl. zu den einzelnen Kombinationsmöglichkeiten Kapitel 1.4).

3.2.2 Kein Einkommen im Bezugszeitraum

Sofern im Bezugszeitraum des Elterngeldes kein Einkommen vorliegt (z. B. weil keine Teilzeitbeschäftigung ausgeübt wird), fällt das gesamte Einkommen vor Geburt weg. Die Ersatzrate (z. B. 65 %) wird somit auf das volle Einkommen vor Geburt angewendet.

Beispiel 18:
Die Mutter hat ein monatliches Nettoeinkommen vor der Geburt i.H. v. 1.900 €. Nach der Geburt geht sie erst einmal keiner Erwerbstätigkeit nach und hat kein Einkommen. Sie beantragt Basiselterngeld.

Ermittlung des Basiselterngeldes:

Einkommen vor Geburt	1.900,00 €
- Einkommen nach Geburt	0,00 €
= Wegfalles Einkommen	**1.900,00 €**
x Ersatzrate	65 %
= Basiselterngeld	**1.235,00 €**

3.2.3 Arbeiten im Bezugszeitraum

Sofern im Bezugszeitraum des Elterngeldes Erwerbseinkommen erzielt wird (z. B. wegen einer Teilzeitbeschäftigung), fällt ist das wegfallende Einkommen nach Geburt geringer. Die Ersatzrate (z. B. 65 %) wird somit nur einen geringeren Unterschiedsbetrag angewendet. Es ergibt sich also ein niedrigeres monatliches Elterngeld als ohne Einkommen.

Beispiel 19:
Wie Beispiel 18, allerdings geht die Mutter ab dem fünften Monat wieder einer Teilzeitbeschäftigung nach. Ab diesem Zeitpunkt beträgt ihr monatliches Nettoeinkommen 700 €. Die Mutter beantragt Basiselterngeld.

Ermittlung des Basiselterngeldes für die Monate 1 bis 4:
Die Ermittlung entspricht der Berechnung aus Beispiel 18. Das Basiselterngeld beträgt 1.235 €.

Ermittlung des Basiselterngeldes ab dem 5. Monat:

Einkommen vor Geburt	1.900,00 €
- Einkommen nach Geburt	700,00 €
= Wegfalles Einkommen	**1.200,00 €**
x Ersatzrate	65 %
= Basiselterngeld	**780,00 €**

Typische Fälle mit Einkommen während des Bezugszeitraums sind:

- Teilzeitarbeit im Bezugszeitraum
- Nachlaufend gezahlter Arbeitslohn (z. B. Boni)
- Weiternutzung Firmenwagen
- Photovoltaikanlage
- Sonstige nebenberufliche (selbständige) Erwerbstätigkeit (z. B. als Autor, Musiker, Amazon-Händler, usw.)

Unser Tipp:

Gestaltungen sind verbreitet!
Häufig werden in diesen Fällen in der Praxis Mittel und Wege gesucht, um den vollen Elterngeldbezug zu erhalten (z. B. Vermietung Photovoltaikanlage für einen bestimmten Zeitraum). Ob Gestaltungen wirklich möglich und sinnvoll sind, hängt jedoch immer vom konkreten Einzelfall ab.

Wie schon bei der Ermittlung des Einkommens vor der Geburt, kommt es auch bei der Ermittlung des Einkommens nach der Geburt nur auf das Erwerbseinkommen an. Außer Betracht bleiben also zum Beispiel Mieten, Zinsen und Dividenden.

Hinweis:

Maßgebend ist das durchschnittliche Erwerbseinkommen im Bezugszeitraum je Elterngeldart. Monate mit Basiselterngeld werden also getrennt betrachtet von Monaten mit ElterngeldPlus. Außerdem werden Monate ohne Erwerbseinkommen getrennt betrachtet von Monaten mit Erwerbseinkommen. Monate ohne Erwerbseinkommen fließen nicht in die Durchschnittsberechnung mit ein.

3.2.4 Maximaler Einkommensunterschied

Für die Berechnung des Unterschiedsbetrags zwischen dem Einkommen vor und nach der Geburt ist das Einkommen vor der Geburt auf einen gesetzlichen Höchstbetrag von maximal 2.770 € begrenzt. Die Begrenzung bewirkt, dass Spitzenverdiener (> 2.770 € netto) während des Elterngeldbezugszeitraums nicht in Teilzeit arbeiten und dennoch den Höchstbetrag von 1.800 € ausschöpfen können.

Beispiel 20:
Der Vater hat ein monatliches Nettoeinkommen vor der Geburt i. H. v. 5.000 €. Nach der Geburt nimmt er für zwei Monate Elternzeit. Er arbeitet in diesem Zeitraum jedoch in Teilzeit weiter. Sein Nettoeinkommen beträgt dann nur noch 1.850 €.

Ermittlung des eigentlichen Basiselterngeldes (ohne gesetzliche Begrenzung):

Einkommen vor Geburt	5.000,00 €
- Einkommen nach Geburt	1.850,00 €
= Wegfalles Einkommen	**3.150,00 €**
x Ersatzrate	65 %
= Basiselterngeld rechnerisch	2.047,00 €
= Maximales Basiselterngeld	**1.800,00 €**

Ermittlung des tatsächlichen Basiselterngeldes (mit gesetzlicher Begrenzung):

Einkommen vor Geburt	2.770,00 €
- Einkommen nach Geburt	1.850,00 €
= Wegfalles Einkommen	**920,00 €**
x Ersatzrate	65 %
= Basiselterngeld	**598,00 €**

Der Vater erhält demnach nur 598 € Elterngeld.

Beispiel 21:
Der Vater hat ein monatliches Nettoeinkommen vor der Geburt i. H. v. 5.000 €. Nach der Geburt nimmt er für zwei Monate Elternzeit. Er arbeitet in diesem Zeitraum nicht weiter. Allerdings gestattet ihm sein Arbeitgeber, den Firmenwagen auch in diesen beiden Monaten zu behalten und privat nutzen zu dürfen. Die Firmenwagenüberlassung führt zu einem monatlichen Nettoeinkommen i. H. v. 400 €.

Ermittlung des eigentlichen Basiselterngeldes (ohne gesetzliche Begrenzung):

Einkommen vor Geburt	5.000,00 €
- Einkommen nach Geburt	400,00 €
= Wegfalles Einkommen	**4.600,00 €**
x Ersatzrate	65 %
= Basiselterngeld rechnerisch	2.990,00 €
= Maximales Basiselterngeld	**1.800,00 €**

Ermittlung des tatsächlichen Basiselterngeldes (mit gesetzlicher Begrenzung):

Einkommen vor Geburt	2.770,00 €
- Einkommen nach Geburt	400,00 €
= Wegfalles Einkommen	**2.370,00 €**
x Ersatzrate	65 %
= Basiselterngeld	**1.541,00 €**

Der Vater erhält demnach nur 1.541 € Elterngeld.

3.3 Bestimmung der Ersatzrate

Elterngeld wird grundsätzlich in Höhe von 67 % des Einkommens aus der Erwerbstätigkeit vor der Geburt des Kindes gewährt. Es ersetzt also in diesem Umfang das wegfallende Einkommen. Die Ersatzrate kann jedoch bei Geringverdienern auch höher (max. 100 %) oder bei Besserverdienern niedriger (mind. aber 65 %) ausfallen.

Geringverdienerregelung

Die Geringverdienerregelung greift bis zu einem maßgeblichen Einkommen aus Erwerbstätigkeit vor Geburt in Höhe von 1.000 €. Ist das maßgebliche Einkommen niedriger als 1.000 €, erhöht sich die Ersatzrate und damit die staatliche Förderung. Die Erhöhung beträgt 0,1 % je 2 €, die der Betrag von 1.000 € unterschritten wird.

Beispiel 22:
Das Einkommen aus Erwerbstätigkeit vor der Geburt beträgt 660 €. Die Erhöhung der Ersatzrate beträgt 17 %.

Berechnung:
1.000 € - 660 € = 340 € → 340 € ÷ 2 € x 0,1 Prozentpunkte = 17 %

Elterngeld wird daher i. H. v. 84 % (= 67 % + 17 %) des Einkommens vor Geburt gewährt.

Besserverdienerregelung

Die Besserverdienerregelung greift ab einem maßgeblichen Einkommen aus Erwerbstätigkeit vor Geburt in Höhe von 1.200 €. Ist das maßgebliche Einkommen höher als 1.200 €, mindert sich die Ersatzrate und damit die staatliche Förderung. Die Minderung beträgt 0,1 % je 2 €, die der Betrag von 1.200 € überstiegen wird. Der so errechnete Prozentsatz darf jedoch 65 % nicht unterschreiten.

Beispiel 23:
Das Einkommen aus Erwerbstätigkeit vor der Geburt beträgt 1.400 €. Die Minderung der Ersatzrate beträgt eigentlich 10 %.

Berechnung:
1.400 € - 1.200 € = 200 € → 200 € ÷ 2 € x 0,1 Prozentpunkte = 10 %

Die Ersatzrate würde daher eigentlich nur 57 % (= 67 % - 10 %) betragen. Allerdings beträgt der Mindestprozentsatz 65 %. Somit wird Elterngeld i. H. v. von 65 % gewährt.

Hinweis:

Unabhängig vom Prozentsatz beträgt das Elterngeld stets mind. 300 € und höchstens 1.800 € je Monat. Beim ElterngeldPlus gilt ein Mindestbetrag i. H. v. 150 € und ein Höchstbetrag von 900 €.

Übersicht über die Ersatzraten abhängig vom Einkommen

Maßgebliches Einkommen vor Geburt	Elterngeldersatzrate (BasisEG)
0 € - 300 €	kein Prozentsatz (da Mindestelterngeld 300 €)
301 € - 340 €	100 %
341 € - 1.000 €	zwischen 100 % und 67 %
1.001 € - 1.200 €	67 %
1.201 € - 1.239 €	zwischen 67 % und 65 %
ab 1.240 € und mehr	65 % (Höchstbetrag aber 1.800 €)

3.4 Geschwisterbonus und Mehrlingszuschlag

In bestimmten Fällen werden zum ermittelten Elterngeld Zuschläge gezahlt. Dies betrifft den Geschwisterzuschlag (oder auch Geschwisterbonus) und den Zwillings- bzw. Mehrlingszuschlag

3.4.1 Geschwisterbonus

Das Elterngeld wird um einen Geschwisterbonus erhöht, wenn im selben Haushalt

- noch ein weiteres Kind lebt, das noch nicht drei Jahre alt ist oder
- mindestens noch zwei weitere Kinder leben, die noch nicht sechs Jahre alt sind.

Lebt im selben Haushalt ein behindertes Kind, so wird der Geschwisterbonus auch bezahlt, wenn dieses Kind noch nicht 14 Jahre alt ist.

Der Geschwisterbonus beträgt 10 % des ermittelten Elterngeldanspruchs, mindestens jedoch 75 € (bzw. 37,50 € beim ElterngeldPlus). Der Geschwisterbonus erhöht auch den Mindestbetrag (= 300 € bei Basiselterngeld) und den Höchstbetrag (= 1.800 € bei Basiselterngeld) beim Elterngeld.

Beispiel 24:
Eine Mutter erhält für ihr zweites Kind grundsätzlich Basiselterngeld i. H. v. 800 €. Da das erste Kind (das im selben Haushalt wohnt) aber erst zwei Jahre alt ist, erhöht sich das Elterngeld um den Geschwisterbonus. Dieser beträgt 10 %. Dies entspricht 80 € (= 10 % x 800 €). Der Mindestbetrag von 75 € wird überschritten. Es ist daher keine weitere Anpassung notwendig.

Die Mutter erhält somit 880 € Elterngeld für ihr zweites Kind. Dies gilt solange, bis das erste Kind drei Jahre alt ist.

Unser Tipp:

Bei Überschreitung der Altersgrenze
Die maßgebenden Altersgrenzen beziehen sich auf die einzelnen Lebensmonate des Kindes, in denen Elterngeld bezogen wird. Wird die Altersgrenze in einem Elterngeldmonat überschritten, so entfällt der Geschwisterbonus ab dem darauffolgenden Monat.

Da die Bezugsdauer des Basiselterngeldes grundsätzlich kürzer ist als die des EltergeldPlus, kann es also (isoliert betrachtet) Sinn machen Basiselterngeld zu beantragen, um den vollen Geschwisterbonus abzuschöpfen.

3.4.2 Mehrlingszuschlag

Bei Mehrlingsgeburten erhöht sich das Elterngeld um je 300 € für das zweite und jedes weitere Kind. Es wird also kein mehrfaches Elterngeld gewährt, sondern für alle Kinder zusammen ein (erhöhtes) Elterngeld.

Eltern mit Zwillingen bekommen also beispielsweise nicht für jeden Zwilling ein separates Elterngeld. Es wird lediglich das Elterngeld für ein Kind nach den normalen Grundsätzen ermittelt. Dieses wird aber wegen der Zwillingsgeburt um 300 € erhöht. Beim ElterngeldPlus halbiert sich der Mehrlingszuschlag auf 150 € je Mehrling.

Durch den Mehrlingszuschlag erhöhen sich auch die Mindestbeträge und die Höchstbeträge:

Mindestbeträge	Höchstbeträge
BasisEG: 600 € bei Zwillingen (= 300 € + 300 €)	BasisEG: 2.100 € bei Zwillingen (= 1.800 € + 300 €)
EG+: 300 € bei Zwillingen (= 150 € + 150 €)	EG+: 1.050 € bei Zwillingen (= 900 € + 150 €)

Hinweis:

Die Mehrlinge zählen beim Elterngeld nicht als Geschwister! Es gibt also z. B. bei Zwillingsgeburten für den zweiten Zwilling zwar den Mehrlingszuschlag, aber nicht zusätzlich noch den Geschwisterbonus. Gibt es neben den Mehrlingen noch weitere ältere Geschwister, so kann der Geschwisterbonus aber infrage kommen.

3.5 Anrechnung von Einnahmen auf das Elterngeld

Auf das Elterngeld werden verschiedene andere staatliche Leistungen angerechnet. Dies gilt insbesondere für sogenannte *Entgeltersatzleistungen*[3]. Dazu zählen insbesondere:

- Arbeitslosengeld
- Kurzarbeitergeld
- Krankengeld
- Erwerbsunfähigkeitsrenten
- Mutterschaftsleistungen (Mutterschaftsgeld der gesetzlichen Krankenkasse, Arbeitgeberzuschuss zum Mutterschaftsgeld, Beamtenbezüge während des Mutterschutzes)

Hintergrund ist, dass ungerechtfertigte Doppelleistungen zum Lebensunterhalt verhindert werden sollen.

Die Anrechnung ändert jedoch nichts am Mindestbetrag für das Elterngeld. Trotz Anrechnung verbleiben dem berechtigten Elternteil somit stets mindestens 300 € Basiselterngeld bzw. 150 € ElterngeldPlus.

---

3 Zur Abmilderung der Folgen der Corona-Krise wurden auch beim Elterngeld spezielle gesetzliche Anpassungen vorgenommen. Demnach entsteht u. a. bei der Berechnung des Elterngeldes kein Nachteil, wenn werdende Eltern wegen Corona (!) in Kurzarbeit sind oder gar arbeitslos wurden (nur bei ALG I) und so im Bemessungszeitraum weniger verdienen (vgl. dazu Kapitel 8: Sonderteil: Corona).

Ausgenommen hiervon sind die Mutterschaftsleistungen. Diese werden in vollem Umfang angerechnet, so dass sich der Elterngeldanspruch auch auf 0 € reduzieren kann.

Hinweis:

Mutterschaftsgeld vom Bundesversicherungsamt (= einmalig 210 €) wird jedoch nicht auf das Elterngeld angerechnet.

Außerdem werden beispielsweise angerechnet:

- Ausländische Leistungen, die dem Elterngeld vergleichbar sind
- Elterngeld, das der berechtigten Person für ein älteres Kind zusteht
- Dienst- und Anwärterbezüge von Beamtinnen, die für die Zeit eines Beschäftigungsverbots ab dem Tag der Geburt des Kindes gezahlt werden

3.6 Zusammenfassendes Beispiel - Nichtselbständige Erwerbstätigkeit

Im Folgenden wird die Berechnung des Elterngeldes anhand eines zusammenfassenden Beispiels veranschaulicht.

Beispiel 25:
Das Kind wird am 03.08.2019 geboren. Vor der Geburt war die Mutter als Arbeitnehmerin beschäftigt (Steuerklasse III, keine Kirchensteuer). Sie war ab 22.06.2019 bis 28.09.2019 in Mutterschutz und erhielt umgerechnet monatlich 1.600 € Mutterschaftsleistungen. Gemäß den Lohn- und Gehaltsbescheinigungen ihres Arbeitgebers hatte sie in den zwölf Monaten davor folgende Brutto- bzw. Nettoeinkünfte (aus Vereinfachungsgründen sollen die tatsächlichen Nettoeinkünfte dem Elterngeld-Netto entsprechen):

	Brutto	**Netto**
Mai 2019	2.200 €	1.623 €
April 2019	2.200 €	1.623 €
März 2019	2.200 €	1.623 €
Februar 2019	2.200 €	1.623 €
Januar 2019	2.200 €	1.623 €
Dezember 2018	2.100 €	1.557 €
November 2018 (zzgl. Weihnachtsgeld)	2.100 € (1.400 €)	1.557 € (1.000 €)
Oktober 2018	2.100 €	1.557 €
September 2018	2.100 €	1.557 €
August 2018	2.100 €	1.557 €
Juli 2018	2.100 €	1.557 €
Juni 2018	2.100 €	1.557 €

Das Einkommen des Vaters (Arbeitnehmer, Steuerklasse V, keine Kirchensteuer) war in den letzten zwölf Monaten vor der Geburt des Kindes konstant. Gemäß den Lohn- und Gehaltsbescheinigungen seines Arbeitgebers ergeben sich folgende Brutto- bzw. Nettoeinkünfte (aus Vereinfachungsgründen sollen die tatsächlichen Nettoeinkünfte dem *Elterngeld-Netto* entsprechen):

	Brutto	Netto
Juli 2019	2.200 €	1.150 €
Juni 2019	2.200 €	1.150 €
Mai 2019	2.200 €	1.150 €
April 2019	2.200 €	1.150 €
März 2019	2.200 €	1.150 €
Februar 2019	2.200 €	1.150 €
Januar 2019	2.200 €	1.150 €
Dezember 2018	2.200 €	1.150 €
November 2018	2.200 €	1.150 €
Oktober 2018	2.200 €	1.150 €
September 2018	2.200 €	1.150 €
August 2018	2.200 €	1.150 €

Der Vater möchte in den ersten beiden Monaten nach der Geburt Elterngeld beanspruchen und in dieser Zeit nicht arbeiten.

Die Mutter möchte ab der Geburt für acht Monate zu Hause bleiben und anschließend wieder in Teilzeit arbeiten. Ihr monatlicher Bruttoverdienst wird dann 1.200 € betragen. Aus Vereinfachungsgründen wird unterstellt, dass das Elterngeld-Netto dem tatsächlichen Netto entspricht und 865 € beträgt.

Lösung:

Die Eltern haben grundsätzlich Anspruch auf zwölf Monate Basiselterngeld. Da sich das Einkommen zumindest eines Elternteils nach der Geburt mindert, besteht außerdem Anspruch auf zwei Partnermonate. Insgesamt stehen den Eltern somit 14 Monate Basiselterngeld zu.

a) Basiselterngeldanspruch des Vaters:

Der Vater nimmt zwei Monate Basiselterngeld. Er bleibt von 03.08.2019 bis 02.10.2019 zu Hause. Sein Anspruch für diese beiden Lebensmonate errechnet sich wie folgt:

Ø Nettoeinkommen vor Geburt (Bemessungszeitraum: August 2018 - Juli 2019)	1.150,00 €
- Ø Nettoeinkommen Einkommen nach Geburt (Bezugszeitraum: 03.08.2019 - 02.10.2019)	0,00 €
= Wegfalles Einkommen	**1.150,00 €**
x Ersatzrate (vgl. Tab. Kap 3.3)	67 %
= Basiselterngeld	**771,00 €**

b) Basiselterngeldanspruch der Mutter:[4]
Die Mutter beansprucht ab Geburt acht Monate Basiselterngeld. Der Bezugszeitraum beginnt also am 03.08.2019 und endet am 02.04.2020. Ihr Anspruch auf Basiselterngeld errechnet sich wie folgt:

Ø Nettoeinkommen vor Geburt (Bemessungszeitraum: Juni 2018 - Mai 2019) = (5 x 1.623,00 € + 7 x 1.557,00 €) ÷ 12	1.584,50 €
- Ø Nettoeinkommen Einkommen nach Geburt (Bezugszeitraum: 03.08.2019 - 02.04.2020)	0,00 €
= Wegfalles Einkommen	**1.584,50 €**
x Ersatzrate (vgl. Tab. Kap 3.3)	65 %
= Basiselterngeld	**1.030,00 €**

Im zweiten Lebensmonat stehen der Mutter Mutterschaftsleistungen jedoch nur bis zum 28.09.2019 und damit nur für einen Teil des Monats zu. Sie sind daher nur auf den für diesen Teil des Monats entfallenden Elterngeldanspruch anzurechnen. Soweit das Basiselterngeld auf den Zeitraum vom 29.09.2019 - 02.10.2019 entfällt (= 4 Tage), erfolgt keine Anrechnung. Die Mutter erhält somit für den zweiten Lebensmonat Basiselterngeld i. H. v. 137 € (= 4 ÷ 30 x 1.030 €).

4 Der Bemessungszeitraum beginnt nicht im Monat vor der Geburt. Da ab Juni 2019 Mutterschaftsleistungen bezogen wurden, beginnt der Bemessungszeitraum im Monat vor diesem Monat - also im Mai 2019. Das Weihnachtsgeld ist ein sonstiger Bezug und wird bei der Berechnung nicht mitgezählt.

Ab dem dritten Monat erhält die Mutter das volle Basiselterngeld i. H. v. 1.030 €.

c) ElterngeldPlusanspruch der Mutter:
Ab dem neunten Monat arbeitet die Mutter in Teilzeit. Sie beantragt daher ab diesem Zeitpunkt ElterngeldPlus. Von den 14 Monaten Basiselterngeld sind zehn Monate bereits verbraucht (= 2 x Vater + 8 x Mutter). Für die verbleibenden vier Monate Basiselterngeld kann die Mutter acht Monate ElterngeldPlus beanspruchen. Der Bezugszeitraum beginnt am 03.04.2020 und endet am 03.12.2020. Ihr Anspruch auf ElterngeldPlus errechnet sich wie folgt:

Ø Nettoeinkommen vor Geburt (Bemessungszeitraum: Juni 2018 - Mai 2019) = (5 x 1.623,00 € + 7 x 1.557,00 €) ÷ 12	1.584,50 €
- Ø Nettoeinkommen Einkommen nach Geburt (Bezugszeitraum: 03.04.2020 - 03.12.2020)	865,00 €
= Wegfalles Einkommen	**719,50 €**
x Ersatzrate (vgl. Tab. Kap 3.3)	65 %
= ElterngeldPlus	**467,00 €**

Die Begrenzung auf max. das halbe Basiselterngeld (ohne Erwerbstätigkeit) greift nicht (467 € < ½ x 1.030 €).

Abschließende Übersicht:

Mutter

Monat	Betrag	Monat	Betrag
1	0 €	13	467 €
2	137 €	14	467 €
3	1.030 €	15	467 €
4	1.030 €	16	467 €
5	1.030 €	17	
6	1.030 €	18	
7	1.030 €	19	
8	1.030 €	20	
9	467 €	21	
10	467 €	22	
11	467 €	23	
12	467 €	24	
Σ	10.053 €		

Vater

Monat	Betrag	Monat	Betrag
1	771 €	13	
2	771 €	14	
3		15	
4		16	
5		17	
6		18	
7		19	
8		20	
9		21	
10		22	
11		23	
12		24	
Σ	1.542 €		

Mutter	Vater
BasisEG: Monate 1–8 (Monat 1 durchgestrichen)	BasisEG: Monate 1–2
EG+: Monate 9–24	EG+: Monate 3–24

4 WIE HOCH IST DAS ELTERNGELD? - SELBSTÄNDIGE

Auf einen Blick!

Im Grundsatz gleiche Regeln wie bei Arbeitnehmern aber mit folgenden Besonderheiten:

- **Bemessungszeitraum:**
  Letzter abgeschlossener steuerlicher Veranlagungszeitraum vor Geburt des Kindes. Auf Antrag wird der Bemessungszeitraum in bestimmten Fällen (z. B. Elterngeldbezug für ein älteres Kind) um einen Veranlagungszeitraum zeitlich nach hinten verschoben.
- **Elterngeld-Netto:**
  Die Summe der positiven Gewinneinkünfte (Verluste zählen also nicht).
- **Wegfallendes Einkommen:**
  Für den Bezugszeitraum muss eine eigene Gewinnermittlung aufgestellt werden (Wahlrecht, ob Bilanzierung oder Einnahmen-Überschuss-Rechnung).

4.1 Nettoeinkommen als Ausgangsgröße

Wie bereits erläutert, ist das Elterngeld eine einkommensabhängige staatliche Leistung. Es wird für jeden Elternteil separat ermittelt. Es ist daher erforderlich, das Nettoeinkommen vor Geburt des Kindes jedes Elternteils zu bestimmen.

4.1.1 Bemessungszeitraum

Bei der Ermittlung des Einkommens vor Geburt des Kindes wird nicht nur auf die Einkünfte des letzten Monats vor der Geburt abgestellt, sondern auf einen Zwölfmonatszeitraum (= Bemessungszeitraum).

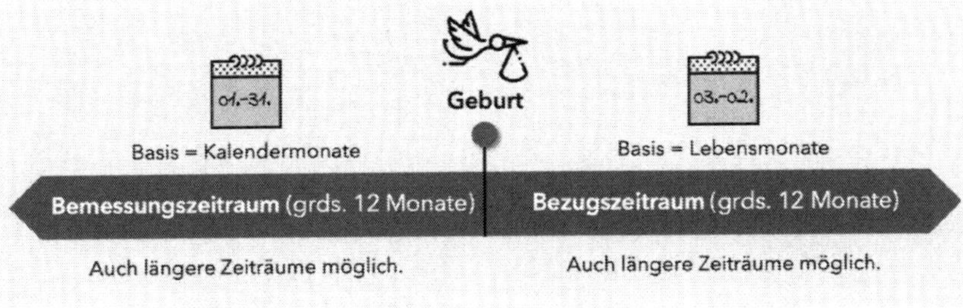

Der Bemessungszeitraum unterscheidet sich bei nichtselbständiger und selbständiger Erwerbstätigkeit.

Selbständige Erwerbstätigkeit

Zur Ermittlung dieses Einkommens wird auf das durchschnittliche Nettoeinkommen des steuerlichen Gewinnermittlungszeitraums abgestellt, der dem letzten abgeschlossenen steuerlichen Veranlagungszeitraum vor der Geburt des Kindes zugrunde liegt.

Beispiel 26:
Das Kind wird am 18.12.2019 geboren. Der Vater ist selbständig tätig. Das Wirtschaftsjahr entspricht dem Kalenderjahr. Der Vater will gleich nach der Geburt zwei Monate Basiselterngeld beziehen.

Lösung:
Für den maßgeblichen Bemessungszeitraum wird auf den Gewinnermittlungszeitraum abgestellt, der dem letzten abgeschlossenen steuerlichen Veranlagungszeitraum vor der Geburt des Kindes zugrunde liegt.

Der letzte steuerliche Veranlagungszeitraum vor Geburt des Kindes ist das Jahr 2018. Diesem wurde der Gewinn aus dem Wirtschaftsjahr 01.01.2018 - 31.12.2018 zugrunde gelegt. Somit wird das Elterngeld nach dem Nettoeinkommen des Vaters in diesem Zeitraum bestimmt.

Beispiel 27:
Die Mutter ging vor der Geburt des Kindes seit Jahren einer selbständigen Erwerbstätigkeit nach. Das Wirtschaftsjahr entspricht dem Kalenderjahr. Das Kind wurde am 23.08.2019 geboren. Die Mutter ging ab 12.07.2019 in Mutterschutz.

Lösung:
Der maßgebliche Bemessungszeitraum für das Elterngeld ist der steuerliche Gewinnermittlungszeitraum, der dem letzten abgeschlossenen steuerlichen Veranlagungszeitraum vor Geburt des Kindes zugrunde liegt. Da das Kind im August 2019 geboren wurde, ist der letzte steuerlich abgeschlossene Veranlagungszeitraum das Jahr 2018. Diesem wurde ein kalenderjahrgleicher Gewinnermittlungszeitraum zugrunde gelegt, da das Wirtschaftsjahr dem Kalenderjahr entspricht. Somit ist das durchschnittliche monatliche Nettoeinkommen der Mutter von Januar 2018 bis Dezember 2018 für das Elterngeld maßgeblich.

Ausnahmen gelten zum Beispiel, wenn im eigentlichen Bemessungszeitraum

- Elterngeld für ein älteres Kind bezogen wurde oder
- eine schwangerschaftsbedingte Krankheit vorlag.

Bei selbständiger Erwerbstätigkeit kann der Bemessungszeitraum in diesen Fällen auf Antrag um einen steuerlichen Veranlagungszeitraum nach hinten (= weiter in die Vergangenheit) verschoben werden. Diese Wahlmöglichkeit eröffnet die Chance auf mehr Elterngeld, da im früheren Veranlagungszeitraum (d. h. beispielsweise vor Geburt des älteren Kindes) häufig höhere Einkommen erzielt wurden.

Hinweis:

Zur Abmilderung der Folgen der Corona-Krise wurden auch beim Bemessungszeitraum spezielle gesetzliche Anpassungen vorgenommen. Wann dies zutrifft, ist dem Kapitel 8 zu entnehmen.

Unser Tipp:

Aufnahme einer nebenberuflichen Tätigkeit
Nimmt ein nichtselbständig beschäftigter Elternteil vor der Geburt zusätzlich eine (nebenberufliche) selbständige Tätigkeit auf, so liegen gemischte Einkünfte vor. Es ist dann der Bemessungszeitraum für selbständig Tätige anzuwenden. Dieser reicht i. d. R. weiter zurück in die Vergangenheit. Bei gesunkenem Einkommen aus nichtselbständiger Tätigkeit (z. B. wegen Teilzeit vor der Geburt) innerhalb von zwölf Monaten vor der Geburt kann daher die Aufnahme einer kleinen zusätzlichen nebenberuflichen selbständigen Tätigkeit sinnvoll sein. Es kommen dann mehr ältere Monate (mit höherem Einkommen) in den Bemessungszeitraum des Elterngeldes.

Wahlrecht bei geringen selbständigen Einkünften
Die dargestellten Regelungen für selbständige Erwerbstätigkeiten greifen auch in gemischten Fällen, bei denen die selbständigen Einkünfte nur sehr gering sind (z. B. Fotovoltaikanlage). Auf die Höhe der übrigen Einkünfte aus nichtselbständiger Tätigkeit kommt es hierbei nicht an. Wenn die selbständigen Einkünfte der Eltern aber nur sehr gering sind und durchschnittlich unter 35 € im Monat liegen, kann man auf Antrag zu den Regelungen für nichtselbständige Erwerbstätigkeit wechseln (vgl. zu diesen Regelungen Kapitel 3). Die 35 €-Grenze darf im Kalenderjahr der Geburt in den Monaten bis zur Geburt und im Kalenderjahr davor das komplette Jahr (→ = 420 €) nicht überschritten worden sein.

4.1.2 Elterngeld-Netto

Das maßgebliche Nettoeinkommen wird auch bei Selbständigen *Elterngeld-Netto* genannt. Ausgangspunkt für die Ermittlung des *Elterngeld-Netto* ist hier aber die Summe der positiven Einkünfte aus Land- und Forstwirtschaft, Gewerbebetrieb und selbständiger Arbeit (= Gewinneinkünfte). Hiervon ausgehend ergibt sich folgende Berechnung:

Berechnungsschema der Elterngeldstelle	Beispiel[3]
Summe der positiven Gewinneinkünfte ÷ 12	2.400,00 €
- pauschale Steuern	437,00 €
- pauschale Sozialabgaben	504,00 €
= Elterngeld-Netto	**1.459,00 €**

Da die Ausgangsgröße die Summe der positiven Einkünfte ist, bleiben Verluste unberücksichtigt. Die Elterngeldstellen ermitteln die Gewinneinkünfte im Bemessungszeitraum nicht eigenständig. Maßgebend sind jeweils die im Einkommensteuerbescheid ausgewiesenen Beträge.

4.2 Wegfallendes Einkommen

Im Grunde gelten die Ausführungen zur Ermittlung bei nichtselbständiger Erwerbstätigkeit entsprechend (vgl. Kapitel 3.2). Allerdings sind auch einige Besonderheiten zu beachten, die im Folgenden kurz dargestellt werden.

Ermittlung der Einkünfte im Bezugszeitraum:

- Es ist eine Gewinnermittlung für die Bezugsmonate zu erstellen.
- Diese muss mindestens den Anforderungen einer steuerlichen Einnahmen-Überschuss-Rechnung genügen.
- Betriebsausgaben werden nur auf Antrag in tatsächlicher Höhe berücksichtigt (sonst pauschal 25 % der Betriebseinnahmen).

Somit ergibt sich für Selbständige faktisch ein Wahlrecht:

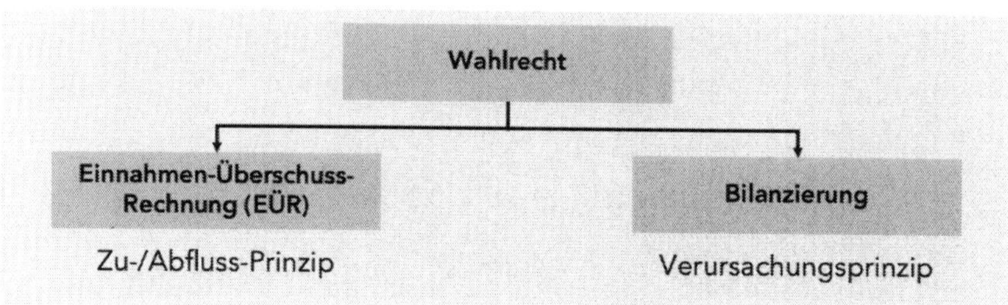

5 Die Werte sind nur Richtgrößen zur Verdeutlichung des Beispiels. Die exakten Werte sind wegen des geänderten Steuerbetrags von Jahr zu Jahr unterschiedlich.

Unser Tipp:

Zufluss gezielt steuern!
Viele selbständig Tätige (insbesondere bei nebenberuflicher Tätigkeit) können den Zufluss-Zeitpunkt ihrer Einnahmen steuern (z. B. Zeitpunkt der Rechnungstellung). Hieraus können sich, wenn keine Buchführungspflicht besteht, interessante Gestaltungsmöglichkeiten für das Elterngeld ergeben.

4.3 Bestimmung der Ersatzrate

Vgl. Ausführungen zur Ermittlung bei nichtselbständiger Erwerbstätigkeit (vgl. Kapitel 3.3).

4.4 Geschwisterbonus und Mehrlingszuschlag

Vgl. Ausführungen zur Ermittlung bei nichtselbständiger Erwerbstätigkeit (vgl. Kapitel 3.4).

4.5 Anrechnung von Einnahmen auf das Elterngeld

Vgl. Ausführungen zur Ermittlung bei nichtselbständiger Erwerbstätigkeit (vgl. Kapitel 3.5).

5 WAS SOLLTE MAN FÜR DIE BEANTRAGUNG WISSEN?

Auf einen Blick!

- **Wo?**
  Das ist von Bundesland zu Bundesland unterschiedlich geregelt. Aufschluss gibt eine Übersicht im Internet (Link siehe unten).
- **Wie?**
  Auch das ist von Bundesland zu Bundesland unterschiedlich geregelt. Neben Formularen ist teilweise ist ein Online-Antrag möglich.
- **Wer?**
  Normalerweise müssen beide Eltern unterschreiben. Bei Alleinerziehenden reicht deren Unterschrift.
- **Wann?**
  Frühestens ab Geburt, aber rückwirkende Zahlung nur drei Monate möglich.
- **Später noch änderbar?**
  Ja. Für zukünftige Monate ist Änderung immer möglich. Für zurückliegende Monate gelten enge Grenzen.
- **Was?**
  Immer Geburtsurkunde, Gehaltsnachweise bzw. Steuerbescheid, Bescheinigung Mutterschaftsleistungen. Weitere Unterlagen abhängig vom Einzelfall.

5.1 Wo ist der Antrag zu stellen?

Mit der Verwaltung des Elterngeldes sind die einzelnen Bundesländer beauftragt. Der Antrag auf Elterngeld ist bei der örtlich zuständigen Elterngeldstelle zu stellen. Die örtlich zuständige Elterngeldstelle gibt auch Auskunft über sämtliche Fragen des Antragsverfahrens und den gesetzlichen Voraussetzungen für die Bewilligung des Elterngeldes. Welche Elterngeldstelle für welche Region zuständig ist, ergibt sich aus der Übersicht auf der Webseite des Bundesministeriums für Familie, Senioren, Frauen und Jugend (→ Linksammlung).

5.2 Wie muss Elterngeld beantragt werden?

Elterngeld ist schriftlich zu beantragen. Da die Verwaltung des Elterngeldes Sache der einzelnen Bundesländer ist, gibt es keine bundeseinheitlichen Formulare. Es sind daher stets die Antragsformulare zu verwenden, die von der örtlich zuständigen Elterngeldstelle (online) zur Verfügung gestellt werden.

Hinweis:

Teilweise bieten die Bundesländer (z. B. Bayern, Saarland) auch die Möglichkeit eines Online-Antrags. Das Ausfüllen der Formulare soll durch intelligente Menüführung erleichtert werden. Der Antrag muss zum Unterschreiben allerdings ausgedruckt werden bzw. kann man sich den ausgefüllten Antrag zum Unterschreiben zusenden lassen.

5.3 Wer muss den Antrag stellen?

Elterngeld kann jeder Elternteil beanspruchen, der die unter Kapitel 2.1 dargestellten Voraussetzungen erfüllt. Sofern danach beide Eltern Anspruch auf Elterngeld haben, müssen auch beide Eltern den Elterngeldantrag unterschreiben. Dies gilt auch, wenn kein gemeinsamer Elterngeldantrag eingereicht wird, sondern jeder Elternteil einen eigenen Antrag stellt oder ein Elternteil gar kein Elterngeld beantragen will.

Nur bei alleinerziehenden Eltern mit alleinigem Sorgerecht braucht der andere Elternteil nicht unterschreiben.

Die Unterschrift des anderen Elternteils ist erforderlich, da er so bestätigt, mit der Verteilung der Elterngeldmonate einverstanden zu sein.

5.4 Wann muss der Antrag gestellt werden?

Elterngeld kann frühestens ab der Geburt des Kindes beantragt werden. Eine gesetzliche Frist für die Antragstellung ist aber nicht vorgesehen. Allerdings wird das Elterngeld maximal drei Lebensmonate rückwirkend ausbezahlt. Wird der Antrag später gestellt, kann also Elterngeld für die betroffenen Lebensmonate verloren gehen.

Meist ist gewünscht, dass das Elterngeld möglichst zeitnah nach der Geburt ausgezahlt wird. Eine frühzeitige Antragstellung ist daher ratsam.

Unser Tipp:

Rechtzeitig vorbereiten!
Idealerweise werden die Antragsformulare und die notwendigen Unterlagen bereits vor der Geburt vorbereitet; so brauchen sie nach der Geburt nur noch eingereicht zu werden.

5.5 Kann man den Elterngeldantrag später noch ändern?

Der Antrag auf Elterngeld kann nachträglich geändert werden. Man ist nicht an eine einmal getroffene Entscheidung (z. B. Basiselterngeld oder ElterngeldPlus) gebunden. Dies gilt ohne Einschränkungen für zukünftige Lebensmonate. Zur Änderung reicht ein formloses Anschreiben an die Elterngeldstelle.

Für bereits vergangene Lebensmonate ist eine Änderung nur noch in engen Grenzen möglich. Es gilt:

- Rückwirkend sind Änderungen nur bis zu drei Lebensmonate ab (geänderter) Antragstellung möglich.
- Wurde Basiselterngeld für diese Monate bereits ausbezahlt, ist eine Änderung nur noch in Härtefällen möglich. Wurde ElterngeldPlus ausbezahlt, ist eine Umstellung auf Basiselterngeld dagegen meist möglich.
- Ist der Bezugszeitraum abgelaufen, sind gar keine Änderungen mehr möglich.

Bei der rückwirkenden Umstellung von ElterngeldPlus auf Basiselterngeld kann es zum Wegfall von bereits vergangenen ElterngeldPlus-Monaten kommen. In diesen Fällen ist der Krankenversicherungsschutz gefährdet!

5.6 Was muss eingereicht werden?

Abhängig vom Einzelfall sind dem Antrag auf Elterngeld verschiedene Dokumente beizufügen. In der Regel sind aber mindestens folgende Unterlagen notwendig:

- Geburtsurkunde des Kindes vom Standesamt
- Lohn- und Gehaltsabrechnungen des Arbeitgebers für den gesamten Bemessungszeitraum (= letzter Steuerbescheid bei Selbständigen)
- Bescheinigung bzgl. der bezogenen Mutterschaftsleistungen

6 TYPISCHE PRAXISFÄLLE MIT LÖSUNGEN

Elternpaar; beide angestellt; keine Teilzeit; Mutter zwölf und Vater zwei Monate nicht erwerbstätig

Praxisfall 1:
Das Kind wird am 10.11.2019 geboren. Vor der Geburt war die Mutter als Arbeitnehmerin beschäftigt. Sie war ab 29.09.2019 bis 05.01.2020 in Mutterschutz und erhielt umgerechnet monatlich 1.400 € Mutterschaftsleistungen. Gemäß den Lohn- und Gehaltsbescheinigungen ihres Arbeitgebers hatte sie in den zwölf Monaten davor folgende Nettoeinkünfte (aus Vereinfachungsgründen sollen diese dem Elterngeld-Netto entsprechen):

	Netto
August 2019	1.450 €
Juli 2019	1.450 €
Juni 2019	1.450 €
Mai 2019	1.450 €
April 2019	1.450 €
März 2019	1.450 €
Februar 2019	1.400 €
Januar 2019	1.400 €
Dezember 2018	1.400 €
November 2018 + Weihnachtsgeld	1.400 € + 700 €
Oktober 2018	1.400 €
September 2018	1.400 €

Das Nettoeinkommen (aus Vereinfachungsgründen soll es dem Elterngeld-Netto entsprechen) des Vaters betrug bis zur Geburt des Kindes konstant jeden Monat 2.000 €. Auch danach ist es unverändert.

Der Vater möchte die ersten zwei Monate nach der Geburt Elterngeld beanspruchen und in dieser Zeit nicht arbeiten.

Die Mutter möchte ab der Geburt für zwölf Monate zu Hause bleiben. Sie hat in diesem Zeitraum keine Einkünfte.

Lösung:
Die Eltern haben grundsätzlich Anspruch auf zwölf Monate Basiselterngeld. Da sich das Einkommen zumindest eines Elternteils nach der Geburt mindert, besteht außerdem Anspruch auf zwei Partnermonate. Insgesamt stehen den Eltern somit 14 Monate Basiselterngeld zu.

a) Basiselterngeldanspruch des Vaters:
Der Vater nimmt zwei Monate Basiselterngeld. Er bleibt von 10.11.2019 bis 09.01.2019 zu Hause. Sein Anspruch für diese beiden Lebensmonate errechnet sich wie folgt:

Ø Nettoeinkommen vor Geburt (Bemessungszeitraum: Oktober 2019 - November 2018) = (12 x 2.000,00 €) ÷ 12	2.000,00 €
- Ø Nettoeinkommen Einkommen nach Geburt (Bezugszeitraum: 10.11.2019 - 09.01.2020)	0,00 €
= Wegfalles Einkommen	**2.000,00 €**
x Ersatzrate (vgl. Tab. Kap 3.3)	65 %
= Basiselterngeld	**1.300,00 €**

b) Basiselterngeldanspruch der Mutter:[6]
Die Mutter beansprucht ab Geburt zwölf Monate Basiselterngeld. Der Bezugszeitraum beginnt also am 10.11.2019 und endet am 09.11.2020. Ihr Anspruch auf Basiselterngeld errechnet sich wie folgt:

Ø Nettoeinkommen vor Geburt (Bemessungszeitraum: August 2019 - September 2018) = (6 x 1.400,00 € + 6 x 1.450,00 €) ÷ 12	1.425,00 €
- Ø Nettoeinkommen Einkommen nach Geburt (Bezugszeitraum: 10.11.2019 - 09.11.2020)	0,00 €
= Wegfalles Einkommen	**1.425,00 €**
x Ersatzrate (vgl. Tab. Kap 3.3)	65 %
= Basiselterngeld	**926,25 €**

In den ersten beiden Lebensmonaten (10.11.2019 - 05.01.2020) bezieht die Mutter Mutterschaftsleistungen. Diese sind auf das Basiselterngeld dieser Monate anzurechnen. Da sie höher sind als das Basiselterngeld, reduziert sich der Anspruch auf 0 €.

Im zweiten Lebensmonat stehen der Mutter Mutterschaftsleistungen jedoch nur bis zum 05.01.2019 und damit nur für einen Teil des Monats zu. Sie sind daher nur auf den für diesen Teil des Monats entfallenden Elterngeldanspruch anzurechnen. Soweit das Basiselterngeld auf den Zeitraum vom 06.01.2020 bis 09.01.2020 entfällt, erfolgt keine Anrechnung. Die Mutter erhält somit für den zweiten Lebensmonat Basiselterngeld i. H. v. 123,50 € (= 4 ÷ 30 x 926,25 €).

6 Der Bemessungszeitraum beginnt nicht im Monat vor der Geburt. Da ab September 2019 Mutterschaftsleistungen bezogen wurden, beginnt der Bemessungszeitraum im Monat vor diesem Monat - also im August 2019. Das Weihnachtsgeld ist ein sonstiger Bezug und wird bei der Berechnung nicht mitgezählt.

Ab dem dritten Monat erhält die Mutter das volle Basiselterngeld i. H. v. 926,25 €.

Abschließende Übersicht:

Mutter			Vater		
1	0 €	13	1	771 €	13
2	123 €	14	2	771 €	14
3	926 €	15	3		15
4	926 €	16	4		16
5	926 €	17	5		17
6	926 €	18	6		18
7	926 €	19	7		19
8	926 €	20	8		20
9	926 €	21	9		21
10	923 €	22	10		22
11	923 €	23	11		23
12	923 €	24	12		24
Σ	11.115 €		Σ	2.600 €	

BasisEG

Elternpaar; beide angestellt; beide ElterngeldPlus mit Teilzeittätigkeit; ohne Partnerschaftsbonus

Praxisfall 2:
Wie Praxisfall 1, allerdings möchte der Vater zusätzlich ab dem siebten Monat fünf weitere Monate ElterngeldPlus beziehen (= siebter bis zwölfter Lebensmonat). Während dieser Phase ist der Vater nur mit 50 % teilzeitbeschäftigt. Die Mutter möchte abweichend von Praxisfall 1 ab der Geburt für sechs Monate zu Hause bleiben. Sie hat in diesem Zeitraum keine Einkünfte. Außerdem möchte sie ab dem elften Monat wieder in Teilzeit (50 %) arbeiten und sechs Monate ElterngeldPlus beziehen.

Lösung:
Die Eltern haben grundsätzlich Anspruch auf zwölf Monate Basiselterngeld. Da sich das Einkommen zumindest eines Elternteils nach der Geburt mindert, besteht außerdem ein Anspruch auf zwei Partnermonate. Insgesamt stehen den Eltern somit 14 Monate Basiselterngeld zu.

a) Basiselterngeldanspruch des Vaters:
Der Vater nimmt zwei Monate Basiselterngeld. Der Anspruch beträgt 1.300 € (wegen der Berechnung vgl. Praxisfall 1).

b) ElterngeldPlusanspruch des Vaters:
Vom siebten bis zum 14. Lebensmonat ist der Vater zu 50 % teilzeitbeschäftigt. Sein Erwerbseinkommen beträgt in diesem Zeitraum 1.000 € (= 2.000 € x 50 %). Das Einkommen fällt also nach der Geburt des Kindes in den betroffenen Monaten i. H. v. 1.000 € weg.

Das ElterngeldPlus beträgt somit 650 € (= 1.000 € x 65 %). Eine weitere Deckelung auf max. 50 % des Basiselterngeldes (= 650 € = 1.300 x 50 %) ist nicht notwendig, da die Grenze zwar erreicht, aber nicht überschritten wird.

c) Basiselterngeldanspruch der Mutter:
Der Basiselterngeldanspruch der Mutter beträgt 926 € (vgl. Praxisfall 1). Die Mutterschaftsleistungen in den ersten beiden Monaten nach der Geburt werden auf das Basiselterngeld angerechnet (vgl. Praxisfall 1).

Ab dem dritten Monat bis zum sechsten Monat erhält die Mutter das volle Elterngeld i. H. v. 926,25 €.

d) ElterngeldPlusanspruch der Mutter:
Vom elften bis zum 16. Lebensmonat ist die Mutter zu 50 % teilzeitbeschäftigt. Ihr Erwerbseinkommen beträgt in diesem Zeitraum 725 € (= 1.450 € x 50 %). Das Einkommen fällt also nach der Geburt des Kindes in den betroffenen Monaten i. H. v. 700 € (= 1425 € - 725 €) weg.

Das ElterngeldPlus beträgt somit 455 € (= 725 € x 65 %). Eine weitere Deckelung auf max. 50 % des Basiselterngeldes (= 463 € (= 926 € x 50 %)) ist nicht notwendig, da die Grenze nicht überschritten wird.

Abschließende Übersicht:

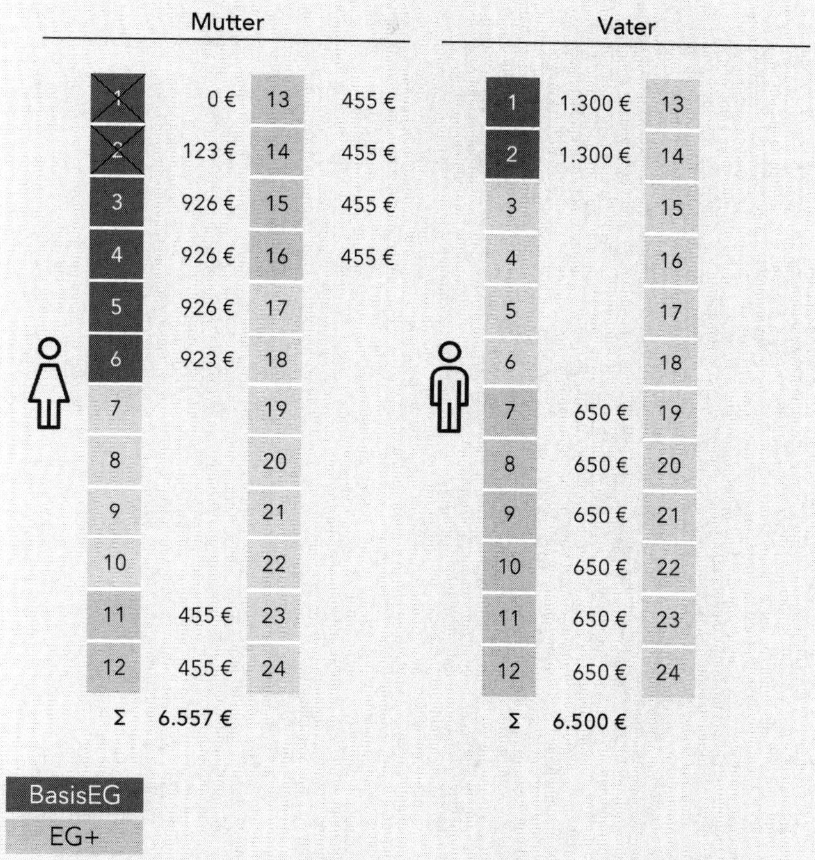

Elternpaar; beide angestellt; beide ElterngeldPlus mit und ohne Teilzeittätigkeit; ohne Partnerschaftsbonus

Praxisfall 3:
Wie Praxisfall 1, allerdings möchte der Vater im ersten Monat nach der Geburt und im fünften und sechsten Lebensmonat des Kindes ganz zu Hause sein - also keiner Erwerbstätigkeit nachgehen. Er hat in diesem Zeitraum keine Einkünfte.

Ab dem siebten bis zum zwölften Lebensmonat übt er eine Teilzeittätigkeit (50 %) aus.

Der Vater entscheidet sich dafür, im ersten Lebensmonat Basiselterngeld in Anspruch zu nehmen. Ab dem fünften Lebensmonat beantragt er das ElterngeldPlus.

Die Mutter möchte abweichend von Praxisfall 1 ab der Geburt für vier Monate zu Hause bleiben. Sie hat in diesem Zeitraum keine Einkünfte.

Ab dem fünften Monat möchte sie wieder in Teilzeit (50 %) arbeiten und ElterngeldPlus beziehen.

Lösung:
Die Eltern haben grundsätzlich Anspruch auf zwölf Monate Basiselterngeld. Da sich das Einkommen zumindest eines Elternteils nach der Geburt mindert, besteht außerdem ein Anspruch auf zwei Partnermonate. Insgesamt stehen den Eltern somit 14 Monate Basiselterngeld zu. Hiervon verbraucht der Vater fünf Stück (ein Lebensmonat Basiselterngeld + acht Monate ElterngeldPlus = fünf Monate Basiselterngeld).

Für die Mutter bleiben somit noch neun Monate Basiselterngeld. Davon werden vier Monate ab Geburt des Kindes genommen. Es verbleiben somit noch fünf Monate Basiselterngeld. Da die Mutter jedoch ElterngeldPlus beantragen möchte, ergeben sich hierfür noch zehn Monate (= fünfter Lebensmonat bis 14. Lebensmonat).

a) Basiselterngeldanspruch des Vaters:
Der Vater nimmt einen Monat Basiselterngeld. Der Anspruch beträgt 1.300 € (wegen der Berechnung vgl. Praxisfall 1).

b) ElterngeldPlusanspruch des Vaters:

- Zeiträume ohne Erwerbseinkommen
  Im fünften und sechsten Lebensmonat hat der Vater kein Erwerbseinkommen. Das Einkommen fällt also im Vergleich zu vor der Geburt des Kindes i. H. v. 2.000 € weg.

  Das ElterngeldPlus beträgt somit grundsätzlich 1.300 € (= 2.000 € x 65 %). Allerdings greift die Deckelung auf max. 50 % des Basiselterngeldes. Das ElterngeldPlus beträgt somit 650 € (= 1.300 € x 50 %).

- Zeiträume mit Erwerbseinkommen
  Ab dem siebten Lebensmonat ist der Vater zu 50 % teilzeitbeschäftigt. Sein Erwerbseinkommen beträgt in diesem Zeitraum 1.000 € (= 2.000 € x 50 %). Das Einkommen fällt also nach der Geburt des Kindes in den betroffenen Monaten i. H. v. 1.000 € weg.

  Das ElterngeldPlus beträgt somit 650 € (= 1.000 € x 65 %). Eine weitere Deckelung auf max. 50 % des Basiselterngeldes (= 650 €= 1.300 x 50 %) ist nicht notwendig, da die Grenze zwar erreicht, aber nicht überschritten wird.

c) Basiselterngeldanspruch der Mutter:
Der Basiselterngeldanspruch der Mutter beträgt 926 € (vgl. Praxisfall 1). Die Mutterschaftsleistungen in den ersten beiden Monaten nach der Geburt werden auf das Basiselterngeld angerechnet (vgl. Praxisfall 1).

Ab dem dritten Monat bis zum vierten Monat erhält die Mutter das volle Elterngeld i. H. v. 926,25 €.

d) ElterngeldPlusanspruch der Mutter:
Vom fünften bis zum 14. Lebensmonat ist die Mutter zu 50 % teilzeitbeschäftigt. Ihr Erwerbseinkommen beträgt in diesem Zeitraum 725 € (= 1.450 € x 50 %). Das Einkommen fällt also nach der Geburt des Kindes in den betroffenen Monaten i. H. v. 700 € (= 1.425 € - 725 €) weg.

Das ElterngeldPlus beträgt somit 455 € (= 700 € x 65 %). Eine weitere Deckelung auf max. 50 % des Basiselterngeldes (463 € (= 926 € x 50 %)) ist nicht notwendig, da die Grenze nicht überschritten wird.

Abschließende Übersicht:

Mutter

1	0 €	13	455 €
2	123 €	14	455 €
3	926 €	15	
4	926 €	16	
5	455 €	17	
6	455 €	18	
7	455 €	19	
8	455 €	20	
9	455 €	21	
10	455 €	22	
11	455 €	23	
12	455 €	24	
Σ	6.557 €		

Vater

1	1.300 €	13
2		14
3		15
4		16
5	650 €	17
6	650 €	18
7	650 €	19
8	650 €	20
9	650 €	21
10	650 €	22
11	650 €	23
12	650 €	24
Σ	6.500 €	

BasisEG EG+

Elternpaar; beide angestellt; beide ElterngeldPlus mit Teilzeit; mit Partnerschaftsbonus

Praxisfall 4:
Wie Praxisfall 3, allerdings beträgt die Teilzeittätigkeit des Vaters 75 %. Da seine reguläre Arbeitszeit 40 Stunden pro Woche beträgt, entspricht die Arbeitszeit in der Teilzeitphase 30 Stunden pro Woche.

Abweichend von Praxisfall 3 geht die Mutter ab dem neunten Monat mit einem Teilzeitanteil von 70 % einer Erwerbstätigkeit nach (davor 50 % = fünfter bis achter Lebensmonat). Die reguläre Arbeitszeit der Mutter beträgt 38 Stunden. Dies entspricht bei 70 % Teilzeitanteil 26,6 Stunden pro Woche.

Lösung:
Die Eltern haben grundsätzlich Anspruch auf zwölf Monate Basiselterngeld. Da sich das Einkommen zumindest eines Elternteils nach der Geburt mindert, besteht außerdem Anspruch auf zwei Partnermonate. Insgesamt stehen den Eltern somit 14 Monate Basiselterngeld zu.

Außerdem arbeiten beide Elternteile gleichzeitig für vier Monate zwischen 24 und 32 Stunden pro Woche. Somit stehen den Eltern acht weitere Monate ElterngeldPlus zu.

Die Mutter kann somit im Vergleich zu Praxisfall 3 acht Monate mehr ElterngeldPlus beziehen (also bis zum 22. Lebensmonat statt bis zum 14. Lebensmonat).

a) Basiselterngeld des Vaters
Der Vater nimmt einen Monat Basiselterngeld. Der Anspruch beträgt 1.300 € (wegen der Berechnung vgl. Praxisfall 3).

b) ElterngeldPlusanspruch des Vaters:

- Zeiträume ohne Erwerbseinkommen
  Im fünften und sechsten Lebensmonat hat der Vater kein Erwerbseinkommen. Das Einkommen fällt also im Vergleich zu vor der Geburt des Kindes i. H. v. 2.000 € weg.

  Das ElterngeldPlus beträgt somit grundsätzlich 1.300 € (= 2.000 € x 65 %). Allerdings greift die Deckelung auf max. 50 % des Basiselterngeldes. Das ElterngeldPlus beträgt somit 650 € (= 1.300 € x 50 %).

- Zeiträume mit Erwerbseinkommen
  Ab dem siebten Lebensmonat ist der Vater zu 75 % teilzeitbeschäftigt. Sein Erwerbseinkommen beträgt in diesem Zeitraum 1.500 € (= 2.000 € x 70 %). Das Einkommen fällt also nach der Geburt des Kindes in den betroffenen Monaten i. H. v. 500 € weg.

  Das ElterngeldPlus beträgt somit 325 € (= 500 € x 65 %). Eine weitere Deckelung auf max. 50 % des Basiselterngeldes (= 650 € = 1.300 x 50 %) ist nicht notwendig, da die Grenze nicht überschritten wird.

c) Basiselterngeldanspruch der Mutter:
Der Basiselterngeldanspruch der Mutter beträgt 926 € (vgl. Praxisfall 3). Die Mutterschaftsleistungen in den ersten beiden Monaten nach der Geburt werden auf das Basiselterngeld angerechnet (vgl. Praxisfall 3).

Ab dem dritten Monat bis zum vierten Monat erhält die Mutter das volle Elterngeld i. H. v. 926,25 €.

d) ElterngeldPlusanspruch der Mutter:

- Im fünften bis achten Lebensmonat
  Vom fünften bis zum achten Lebensmonat ist die Mutter zu 50 % teilzeitbeschäftigt. Ihr Erwerbseinkommen beträgt in diesem Zeitraum 725 € (= 1.450 € x 50 %). Das Einkommen fällt also nach der Geburt des Kindes in den betroffenen Monaten i. H. v. 700 € (= 1.425 € - 725 €) weg.

  Das ElterngeldPlus beträgt somit 455 € (= 700 € x 65 %). Eine weitere Deckelung auf max. 50 % des Basiselterngeldes (= 463 € (= 926 € x 50 %)) ist nicht notwendig, da die Grenze nicht überschritten wird.

- Im neunten bis 22. Lebensmonat
  Vom neunten bis zum 22. Lebensmonat ist die Mutter zu 70 % teilzeitbeschäftigt. Ihr Erwerbseinkommen beträgt in diesem Zeitraum 1.015 € (= 1.450 x 70 %). Das Einkommen fällt also nach der Geburt des Kindes in den betroffenen Monaten i. H. v. 410 € (= 1.425 € - 1.015 €) weg.

  Das ElterngeldPlus beträgt somit 266,50 € (= 410 € x 65 %). Eine weitere Deckelung auf max. 50 % des Basiselterngeldes (463 € (= 926 € x 50 %)) ist nicht notwendig, da die Grenze nicht überschritten wird. Auch eine Anpassung nach oben ist nicht erforderlich, da das Mindestelterngeld beim ElterngeldPlus 150 € beträgt (statt 300 € wie beim Basiselterngeld).

Abschließende Übersicht:

Mutter

Monat	Betrag	Monat	Betrag
1	0 €	13	266 €
2	123 €	14	266 €
3	926 €	15	266 €
4	926 €	16	266 €
5	436 €	17	266 €
6	436 €	18	266 €
7	436 €	19	266 €
8	436 €	20	266 €
9	266 €	21	266 €
10	266 €	22	266 €
11	266 €	23	266 €
12	366 €	24	266 €
Σ	7.519 €		

Vater

Monat	Betrag	Monat
1	1.300 €	13
2		14
3		15
4		16
5	650 €	17
6	650 €	18
7	325 €	19
8	325 €	20
9	325 €	21
10	325 €	22
11	325 €	23
12	325 €	24
Σ	4.550 €	

BasisEG

EG+

Alleinerziehende Mutter; ohne Partnerschaftsbonus

Praxisfall 5:
Wie in Praxisfall 1 beträgt das Elterngeld-Netto der Mutter 1.425 €.

Die alleinerziehende Mutter möchte für die ersten acht Lebensmonate des Kindes keine Erwerbstätigkeit ausüben. Ab dem neunten Lebensmonat will sie wieder eine Teilzeittätigkeit im Umfang von 40 % aufnehmen. Dies entspricht 15 Stunden pro Woche (reguläre Arbeitszeit = 38 Stunden pro Woche).

Lösung:
Die Mutter hat grundsätzlich Anspruch auf zwölf Monate Basiselterngeld. Da sich ihr Einkommen aber nach der Geburt für mind. zwei Monate mindert, besteht außerdem Anspruch auf zwei Partnermonate. Insgesamt stehen der alleinerziehenden Mutter also 14 Monate Basiselterngeld zu.

In den ersten acht Lebensmonaten beantragt sie Basiselterngeld (= erster bis achter Lebensmonat). Anschließend möchte sie ElterngeldPlus erhalten. Da hierfür noch sechs Monate Basiselterngeld zur Verfügung stehen (14 Monate Basiselterngeld - acht Monate Basiselterngeld), ergeben sich als Bezugszeitraum für das ElterngeldPlus zwölf Monate (= neunter bis 20. Lebensmonat).

a) Basiselterngeldanspruch der Mutter:
Die Mutter beansprucht ab Geburt acht Monate Basiselterngeld. Der Basiselterngeldanspruch der Mutter beträgt 926 € (vgl. zur Berechnung Praxisfall 1). Die Mutterschaftsleistungen in den ersten beiden Monaten nach der Geburt werden auf das Basiselterngeld angerechnet (vgl. Praxisfall 1).

b) ElterngeldPlusanspruch der Mutter:
Die Mutter geht ab dem neunten Monat mit einem Teilzeitanteil von 40 % einer Erwerbstätigkeit nach. Ihr Erwerbseinkommen beträgt in diesem Zeitraum 580 € (= 1.450 € x 40 %). Das Einkommen fällt also nach der Geburt des Kindes in den betroffenen Monaten i. H. v. 845 € (= 1.425 € - 580 €) weg.

Das ElterngeldPlus beträgt somit 549,25 € (= 845 € x 65 %). Eine weitere Deckelung auf max. 50 % des Basiselterngeldes ist notwendig, da die Grenze i. H. v. 463 € (= 926 € x 50 %) überschritten wird. Die Mutter erhält somit vom neunten bis zum 20. Lebensmonat ElterngeldPlus i. H. v. 463 €.

Abschließende Übersicht:

Mutter			
1	0 €	13	463 €
2	123 €	14	463 €
3	926 €	15	463 €
4	926 €	16	463 €
5	926 €	17	463 €
6	926 €	18	463 €
7	926 €	19	463 €
8	926 €	20	463 €
9	463 €	21	
10	463 €	22	
11	463 €	23	
12	463 €	24	
Σ	11.235 €		

BasisEG

EG+

Elternpaar, zweites Kind

Praxisfall 6:
Wie Praxisfall 1, allerdings handelt es sich bei dem am 10.11.2019 geborenen Kind bereits um das zweite Kind des Elternpaares. Das erste Kind ist zu diesem Zeitpunkt bereits vier Jahre alt.

Lösung:
Die Lösung entspricht der Lösung von Praxisfall 1. Das monatliche Basiselterngeld des Vaters beträgt 1.300 €, das der Mutter 926 €.

Die Tatsache, dass es sich um das zweite Kind handelt, hat grundsätzlich keinen Einfluss auf das Elterngeld.

Praxisfall 7:
Wie Praxisfall 6, allerdings ist das erste Kind zum Zeitpunkt der Geburt erst zweieinhalb Jahre alt.

Lösung:
Wie Praxisfall 6, allerdings liegen noch für sechs Monate die Voraussetzungen für den Geschwisterbonus vor, da das erste Kind erst dann älter als drei Jahre ist.

Das Basiselterngeld des Vaters erhöht sich somit für diesen Zeitraum um 10 %. Dies entspricht 130 € (= 10 % x 1.300 €). Es beträgt dann 1.430 €.

Das Basiselterngeld der Mutter erhöht sich ebenfalls um 10 %. Dies entspricht 92,60 € (= 10 % x 926 €). Es beträgt dann 1.018,60 €.

7 WEITERE STAATLICHE LEISTUNGEN

7.1 Mutterschutz

Dieses Thema wird im Folgenden etwas ausführlicher behandelt, da das Elterngeld mit diesem in Verbindung steht.

Der Mutterschutz ist eine arbeitsrechtliche Maßnahme, um die Gesundheit der Mutter und des Kindes während der Schwangerschaft und der Stillzeit zu schützen. Darüber hinaus ermöglicht er es, dass die Mutter vor und nach den Mutterschutzfristen weiter zur Arbeit gehen kann. Er regelt auch den Kündigungsschutz und sichert das Einkommen in der Zeit, in der die Mutter nicht arbeiten darf. Seit 2018 sind unter bestimmten Voraussetzungen (vgl. § 1 Abs. 2 Nr. 8 MuSchG) auch Schülerinnen, Studentinnen und Praktikantinnen im Mutterschutz mit eingeschlossen.

Beschäftigungsverbot

Für werdende Mütter besteht grundsätzlich ein Beschäftigungsverbot für die letzten sechs Wochen vor der Entbindung bis zum Ablauf von acht Wochen nach der Entbindung (Mutterschutzfrist). Eine Weiterbeschäftigung während der Schutzfrist vor der Geburt ist auf eigenen Wunsch der Mutter möglich. Diese Einwilligung kann von der Mutter jederzeit widerrufen werden. In der Schutzfrist nach der Geburt darf die Mutter allerdings nicht arbeiten. Aufgrund eines ärztlichen Attestes kann allerdings auch ein längeres Beschäftigungsverbot gelten (individuelles Beschäftigungsverbot). Den Entbindungstermin errechnet der Arzt, die Hebamme oder der Geburtshelfer.

In bestimmten Fällen, wie zum Beispiel bei Früh- oder Mehrlingsgeburten, dauert die Schutzfrist nach der Entbindung zwölf Wochen statt acht. Bei der Geburt eines Kindes mit Behinderung kann die Schutzfrist auf zwölf Wochen nach der Entbindung verlängert werden, wenn die Mutter das beantragt.

Kommt das Kind früher als erwartet zur Welt, so verlängert sich die Schutzfrist der Mutter um die Anzahl an Tagen, die vor der Geburt nicht in Anspruch genommen wurden.

Beispiel 28:
Der mutmaßliche Entbindungstermin ist der 29. März. Das Kind kommt jedoch genau eine Woche vorher, also am 22. März, zur Welt. Somit verkürzt sich quasi die Schutzfrist von sechs Wochen vor der Geburt genau um eine Woche. Damit der Mutter kein Nachteil entsteht, wird diese Woche an die Schutzfrist nach der Geburt angehängt. So kommt sie auf die reguläre Gesamtfrist von 14 Wochen.

Kommt das Kind später als der mutmaßliche Geburtstermin zur Welt, dann beträgt die Mutterschutzfrist nach der Entbindung dennoch die vollen acht Wochen. Das Ende der Mutterschutzfrist verschiebt sich entsprechend so, dass die acht Wochen nach der Entbindung voll erhalten bleiben. So verlängert sich auch der Anspruch auf Mutterschaftsleistungen.

Beispiel 29:
Der mutmaßliche Entbindungstermin ist der 22. März. Das Kind kommt jedoch genau eine Woche später, also am 29. März, zur Welt. Die acht Wochen Schutzfrist nach der Geburt beginnen also nicht am 22. März, sondern erst am 29. März. So erhält die Mutter auch eine Woche länger Mutterschaftsleistungen.

Mutterschaftsleistungen

Während der gesamten Mutterschutzfrist muss der Arbeitgeber grundsätzlich keinen Arbeitslohn bezahlen (anders bei Beamten). Damit der Lebensunterhalt der Mutter dennoch gesichert ist, hat sie in der Regel Anspruch auf Mutterschaftsgeld. Zusammen mit dem Arbeitgeberzuschuss zum Mutterschaftsgeld erreicht sie gewöhnlich einen Nettolohn wie vor der Mutterschutzfrist.

Wie berechnet sich das Mutterschaftsgeld?

Das Mutterschaftsgeld wird von der gesetzlichen Krankenkasse bezahlt und beträgt höchstens 13 € pro Tag, also etwa 390 € pro Monat. Den Rest gleicht der Arbeitgeberzuschuss aus, sodass die Leistungen zusammen in der Regel so hoch wie das durchschnittliche Nettoeinkommen in den letzten drei Monaten vor der Mutterschutzfrist der Mutter sind.

Beträgt das Durchschnitts-Nettoeinkommen in den letzten drei Monaten vor dem Mutterschutz weniger als 13 € pro Tag (also weniger als 390 € im Monat), dann hat die Mutter keinen Anspruch auf den Arbeitgeberzuschuss. Weihnachts- und Urlaubsgeld sowie sonstige Sonderzahlungen werden nicht berücksichtigt.

Es gibt also Mütter, die sowohl das Mutterschaftsgeld als auch den Arbeitgeberzuschuss erhalten. Es gibt aber auch Mütter, die nur eine der beiden Leistungen bekommen.

Beispiel 30:
Julia bezieht in den letzten drei Monaten vor Beginn der Mutterschutzfrist jeweils 1.600 € netto.

Nettolohn der letzten drei Monate:
3 x 1.600 € = 4.800 €

Umrechnung auf Kalendertage (30 pro Monat):
4.800 € ÷ 90 = 53,33 € während der ges. Schutzfristen

Krankenkasse: **13,00 €**
Arbeitgeber: **40,33 €** (Differenz von 53,33 € - 13 €)

Wer ist anspruchsberechtigt?
Anspruch auf Mutterschaftsgeld haben alle Arbeitnehmerinnen, egal, ob voll- oder teilzeitbeschäftigt, die freiwillig- oder pflichtversichertes Mitglied in der gesetzlichen Krankenversicherung mit Anspruch auf Krankentagegeld sind. Das gilt auch für Auszubildende, sofern sie sich in einer betrieblichen Ausbildung befinden. Anspruchsberechtigt sind ebenfalls Mütter, deren Arbeitsverhältnis während der Schwangerschaft oder der Schutzfrist zulässig gekündigt wurde. Nicht Berufstätige erhalten kein Mutterschaftsgeld, auch wenn sie familienversichert sind.

Privat Versicherte oder geringfügig Beschäftigte, die familienversichert sind, erhalten einen Einmalbetrag in Höhe von 210 € vom Bundesversicherungsamt. Hier ist der Ansprechpartner nicht die gesetzliche Krankenkasse. Hinzu kommt ein Arbeitgeberzuschuss, der genauso hoch ist, als wäre die Mutter gesetzlich versichert. Dazu zählt die Differenz zwischen dem Nettoeinkommen und den 13 €. So erhält die Mutter nur etwas weniger Geld, als wenn sie gesetzlich versichert wäre. (Der Antrag beim Bundesversicherungsamt kann online gestellt werden → Linksammlung)

Eine privat versicherte Mutter kann jedoch im Rahmen einer Zusatzversicherung Mutterschutzgeld erhalten. Die Höhe ist jedoch individuell vom mit der Versicherung abgeschlossenen Vertrag abhängig.

Ist die Mutter zu Beginn der Mutterschutzfrist arbeitslos und bezieht Arbeitslosengeld 1 (ALG I), dann erhält sie ebenfalls Mutterschaftsgeld. Die Summe ist genauso hoch wie mit ALG I - jedoch kommt das Geld nicht von der Bundesagentur für Arbeit, sondern von der gesetzlichen Krankenkasse.

Mutterschafts- und Elterngeld - geht das?
Elterngeld wird ab dem Tag der Geburt gezahlt und die Mutterschaftsleistungen bis zum Ablauf der im Regelfall acht Wochen nach der Geburt. Man könnte also auf die Idee kommen, dass beide Leistungen gleichzeitig bezogen werden können. Jedoch wird das Elterngeld auf die Mutterschaftsleistungen angerechnet. Der Gesetzgeber hat dazu entschieden:

„Eine parallele Gewährung beider Leistungen ist wegen Zweckidentität folglich ausgeschlossen." (BT/Drucks. 16/9841, S. 28)

Somit gelten Monate, in denen Mutterschaftsleistungen bezogen werden, auch als verbrauchte Elterngeld-Monate und werden vom Elterngeld-Anspruch abgezogen. Der Einmalbetrag vom Bundesversicherungsamt in Höhe von 210 € wird jedoch nicht auf das Elterngeld angerechnet.

Unser Tipp:

Mehr Geld bei erneuter Schwangerschaft
Wenn die Mutter sich gerade in Elternzeit befindet und erneut schwanger wird, hat sie ebenfalls Anspruch auf die 13 € Mutterschaftsgeld pro Tag; allerdings vorerst ohne Anspruch auf den Arbeitgeberzuschuss. Daher sollte gegenüber dem Arbeitgeber schriftlich erklärt werden, dass die Elternzeit für die Dauer des neuen Mutterschutzes unterbrochen wird. Die Unterbrechung der Elternzeit in diesem Fall bedarf keiner Zustimmung des Arbeitgebers. Da der Bemessungszeitraum für den Arbeitgeberzuschuss der Nettolohn der letzten drei Monate vor dem ersten Mutterschutz ist, macht dies i. d. R. mehrere hundert bis tausend Euro aus.

Wie, wann und wo wird das Mutterschaftsgeld beantragt?
Frühestens ab der 33. Schwangerschaftswoche stellt der Frauenarzt oder die Hebamme eine Bescheinigung aus. Dieses „Zeugnis über den mutmaßlichen Tag der Entbindung" erhält die Mutter in zweifacher Ausfertigung.

- Eine Ausfertigung erhält der Arbeitgeber.
- Eine Ausfertigung erhält die Krankenversicherung (bzw. das Bundesversicherungsamt).

Der Antrag auf Mutterschaftsgeld kann also frühestens sieben Wochen vor dem errechneten Geburtstermin gestellt werden. Alles Weitere regeln Krankenkasse und Arbeitgeber untereinander.

Was ist der Mutterschaftslohn?
Besteht außerhalb der Mutterschutzfristen ein (individuelles) Beschäftigungsverbot, so erhält die Mutter in der Regel Mutterschaftslohn. Liegt gleichzeitig eine krankheitsbedingte Arbeitsunfähigkeit vor, erhält die Mutter *Krankenlohn* (= Lohnfortzahlung im Krankheitsfall). Auch der Mutterschaftslohn orientiert sich an dem durchschnittlichen kalendertäglichen Nettoentgelt, das die Mutter in den letzten drei Kalendermonaten vor Beginn der Schutzfrist vor der Entbindung hatte.

Weitere umfassende Informationen zu den Mutterschaftsleistungen stellt das Familien-Ministerium (BMFSFJ) im „Leitfaden zum Mutterschutz" zur Verfügung (→ Linksammlung).

7.2 Kindergeld

Eine der wichtigsten finanziellen Förderungen von Familien ist das Kindergeld. Anspruchsberechtigt sind Eltern für jedes ihrer Kinder, mindestens bis diese das 18. Lebensjahr vollendet haben (oft auch darüber hinaus bis zum vollendeten 25. Lebensjahr, z. B. bei Studenten). Der Anspruch auf Kindergeld besteht ab dem Geburtsmonat des Kindes. Das Kindergeld wird monatlich pro Kind (nicht pro Elternteil) ausbezahlt. Es wird einkommensunabhängig gewährt und beträgt derzeit (Stand 2022) für das

1. Kind: 219 €
2. Kind: 219 €
3. Kind: 225 €
4. Kind und weitere: 250 €

Eltern sind grundsätzlich dann anspruchsberechtigt, wenn sie in Deutschland Einkünfte erzielen und ihren Wohnsitz oder gewöhnlichen Aufenthaltsort in Deutschland haben. Die Zuständigkeit für das Kindergeld liegt in der Regel bei der örtlichen Familienkasse der Bundesagentur für Arbeit (BA). Dort muss das Kindergeld schriftlich beantragt werden. Dem Antrag sind die Geburtsurkunde sowie die Steuer-Identifikationsnummer des Kindes beizulegen. Die Steuer-Identifikationsnummer des Kindes erhalten Eltern nach der Geburt des Kindes vom Finanzamt per Post. Der Antrag sollte unbedingt zeitnah nach der Geburt erfolgen, da das Kindergeld nur sechs Monate rückwirkend, unabhängig, ob davor ein Anspruch bestanden hat oder nicht, bezahlt werden kann.

Die Auszahlung des Kindergeldes erfolgt grundsätzlich nur an ein Elternteil. Wer die Zahlung erhält, sollte im Vorfeld überlegt werden. Leben die Eltern getrennt, dann bekommt derjenige das Kindergeld, bei dem das Kind überwiegend lebt.

Kinderzuschlag

Erwerbstätige Eltern, die genug für sich selbst verdienen, aber bei denen es nicht oder nur knapp reicht, um auch für den gesamten Bedarf der Familie aufzukommen, können zusätzlich zum Kindergeld einen Kinderzuschlag pro Kind von bis zu 209 € (Stand 2022) erhalten. Dieser wird zusammen mit dem Kindergeld ausgezahlt und verlässlich für sechs Monate bewilligt. Ziel des Kinderzuschlags ist es, Eltern den Bezug von Arbeitslosengeld II (*Hartz IV*) aufgrund der Ausgaben für das Kind zu ersparen. Voraussetzung ist, dass das Bruttomonatseinkommen bei Elternpaaren mindestens 900 € oder bei Alleinerziehenden 600 € beträgt – jedoch das Erwerbseinkommen, der Kinderzuschlag und das Wohngeld zusammen nicht mehr als 100 € unter dem ALG II bleiben. Maßgeblich für die Berechnung ist das Durchschnittseinkommen der letzten sechs Monate.

Einkommen der Kinder, zum Beispiel Unterhalt oder Unterhaltsvorschuss, wird zu 45 % auf den Kinderzuschlag angerechnet. Auch Einkommen, das über den eigenen Bedarf der Eltern hinausgeht, wird zu 45 %, auf den Kinderzuschlag angerechnet. Dadurch haben Eltern, die mehr arbeiten, auch mehr in der Tasche. Darüber hinaus besteht für Eltern, die Kinderzuschlag erhalten, auch ein Anspruch auf eine beitragsfreie Kita-Zeit durch das „Gute-KiTa-Gesetz".

Der Antrag für den Kinderzuschlag wird wie das Kindergeld bei der Familienkasse beantragt. Dem Antrag müssen eine Verdienstbescheinigung des Arbeitgebers, eine Erklärung zum Vermögen sowie eine Erklärung über die Unterkunftskosten beigelegt werden. Im Gegensatz zum Kindergeld wird er nicht rückwirkend gezahlt und nur solange Kindergeld gewährt wird.

Notfall-Kinderzuschlag
Wegen der Auswirkungen des Corona-Virus hat das Bundesfamilienministerium den Notfall-Kinderzuschlag (KiZ) ins Leben gerufen. Der Notfall-KiZ beträgt ebenfalls bis zu 209 € (Stand 2022) pro Kind monatlich. Anders als bisher ist nicht das Einkommen der letzten sechs Monate nachzuweisen. Eltern müssen demnach keine Angaben mehr zu ihrem Vermögen machen, wenn sie kein erhebliches Vermögen haben. Diese Regelung soll befristet bis zum 31. März 2022 gelten.

Weitere umfassende Informationen zum Kindergeld und zum Kinderzuschlag sowie deren Anträge stellt die Bundesagentur für Arbeit auf ihren Internetseiten zur Verfügung (→ Linksammlung).

7.3 Baukindergeld

Seit September 2018 kann bundesweit Baukindergeld beantragt werden. Dadurch soll die Schaffung bzw. der Erwerb von eigengenutzten Immobilien für Familien und Alleinerziehende erleichtert werden. Das Baukindergeld ist ein staatlicher Zuschuss, der nicht zurückgezahlt werden muss. Die Zuständigkeit für das Baukindergeld liegt bei der Kreditanstalt für Wiederaufbau (KfW). Das Baukindergeld kann dort online beantragt werden (Antrag und alle weiteren Informationen → Linksammlung).

Die wichtigsten Voraussetzungen für die Gewährung von Baukindergeld sind:

- Selbstgenutztes Wohneigentum
- Erstmaliger Neubau oder Erwerb einer Wohnimmobilie
- Baugenehmigung beziehungsweise notarieller Kaufvertrag zwischen dem 01.01.2018 und dem 31.12.2021
- Mindestens ein nicht volljähriges Kind im eigenen Haushalt, für das eine Kindergeldberechtigung besteht (auch Patchworkfamilien sind begünstigt)
- Brutto-Einkommensgrenzen dürfen nicht überschritten werden (= 90.000 € Haushaltseinkommen bei einem Kind zzgl. 15.000 € für jedes weitere Kind)

Das Baukindergeld wird nur auf Antrag gewährt. Die Antragstellung ist erst ab Einzug möglich. Sie darf aber auch nicht länger als drei Monate nach dem Einzug erfolgen. Als Nachweis dazu dient eine Meldebestätigung des Einwohnermeldeamtes. Zudem sind dem Antrag Einkommensbescheide sowie ein Grundbuchauszug beizulegen.

Das Baukindergeld beträgt für jedes Kind unter 18 Jahren 1.200 € jährlich. Der maximale Förderzeitraum beträgt zehn Jahre. Pro Kind sind demnach - auf den gesamten Förderzeitraum betrachtet - höchstens 12.000 € Förderung möglich.

Hinweis:

In Bayern wird die Schaffung bzw. der Erwerb von eigengenutzten Wohnimmobilien für Familien zusätzlich gefördert. Familien in Bayern können zusätzlich zum bundesweiten Baukindergeld noch einmal 300 € jährlich pro Kind erhalten (sog. *Bayerisches Baukindergeld Plus* → Linksammlung).

Außerdem gewährt der Freistaat unter bestimmten Voraussetzungen bei Schaffung oder Erwerb einer eigengenutzten Immobilie eine sog. *Bayerische Eigenheimzulage*. Diese beträgt 10.000 € und wird als einmaliger Festbetrag ausbezahlt (→ Linksammlung).

7.4 Fördermaßnahmen einzelner Bundesländer

Zusätzlich zu den bundesweiten Fördermaßnahmen bieten einige Bundesländer eigene Leistungen für Familien an.

Landeserziehungsgeld in Sachsen

Für in Sachsen lebende einkommensschwache Eltern besteht auf Antrag die Möglichkeit, im zweiten oder dritten Lebensjahr ihres Kindes ein *Landeserziehungsgeld* zu erhalten. Das Landeserziehungsgeld stellt im Grunde eine Anschlussförderung an das Elterngeld für jene Eltern dar, die sich für die häusliche Betreuung ihres Kindes entschieden haben und zum Beispiel die vollen drei Jahre Elternzeit in Anspruch nehmen.

Das Landeserziehungsgeld ist eine einkommensabhängige Förderleistung. Die Zahlungen erfolgen monatlich und teilen sich wie folgt auf (Stand 2022):

Leistungsbezug im 2. Lebensjahr	Leistungsbezug im 3. Lebensjahr
1. Kind: 5 Monate je 150 €	1. Kind: 9 Monate je150 €
2. Kind: 6 Monate je 200 €	2. Kind: 9 Monate je 200 €
3. und weitere: 7 Monate je 300 €	3. und weitere: 12 Monate je 300 €

Der Höhe der Leistung verringert sich bei bestimmten Einkommenshöchstgrenzen. Diese betragen bei ab dem 01.01.2007 geborenen Kindern:

- 17.100 € bei Paaren
- 14.100 € bei Alleinerziehenden
- zzgl. 3.140 € je weiteres Kind

Für Geburten nach dem 01.01.2015 wird das Landeserziehungsgeld ab dem dritten Kind einkommensunabhängig gewährt.

Die wichtigsten Voraussetzungen für die Gewährung von Landeserziehungsgeld sind:

- Hauptwohnsitz oder gewöhnlicher Aufenthalt in Sachsen
- Kind im selben (= gemeinsamen) Haushalt
- Erziehung und Betreuung des Kindes
- keine Erwerbstätigkeit in Vollzeit (max. 32 Stunden Teilzeit)
- Für das Kind wird kein Betreuungsplatz in einer öffentlichen Einrichtung in Anspruch genommen.

Die Antragsstellung kann frühestens drei Monate vor Beginn des gewünschten Leistungszeitraumes erfolgen. Rückwirkend wird die Leistung jedoch nur für einen Monat gezahlt. Dem Antrag sind die Verdienstbescheinigung des Antragsstellers und des Partners sowie die Geburtsurkunde im Original beizulegen.

Weitere umfassende Informationen zum Landeserziehungsgeld stellt das sächsische Staatsministerium für Soziales und Verbraucherschutz auf seiner Internetseite zur Verfügung (→ Linksammlung).

Familiengeld in Bayern

Seit September 2018 gibt es das sogenannte *Bayerische Familiengeld*. Dadurch sollen Familien in den ersten Jahren im Anschluss an den Bezug von Elterngeld unterstützt werden und erhalten für jedes Kind im zweiten und dritten Lebensjahr 250 € für das erste und zweite Kind und ab dem dritten Kind 300 € pro Monat.

Voraussetzungen für den Erhalt des Bayerischen Familiengeldes sind:

- Hauptwohnsitz oder gewöhnlicher Aufenthalt in Bayern
- Kind im selben (= gemeinsamen) Haushalt
- Erziehung des Kindes

Die Förderung ist an keine weiteren Voraussetzungen geknüpft (Einkommensgrenzen, Krippen- oder Kitabesuch usw. spielen keine Rolle).

Die Zuständigkeit für das Bayerische Familiengeld liegt beim Zentrum Bayern Familie und Soziales (ZBFS). Bezieher von Elterngeld (in Bayern) erhalten das Familiengeld automatisch. Eine zusätzliche Antragstellung ist in diesem Fall nicht notwendig. In allen anderen Fällen, wie beispielsweise der Zuzug aus einem anderen Bundesland, ist das Familiengeld schriftlich zu beantragen. Der Antrag kann in diesem Fall frühestens drei Monate vor dem Beginn des 13. Lebensmonats gestellt werden. Rückwirkend wird das Familiengeld jedoch nur drei Monate ab dem Datum der Antragstellung ausbezahlt.

Die Zahlungen richten sich nach dem Geburtstag des Kindes und erfolgen in der Regel innerhalb der ersten fünf Arbeitstage des jeweiligen Lebensmonats.

Weitere umfassende Informationen zum Familiengeld in Bayern stellt das Zentrum Bayern Familie und Soziales auf seiner Internetseite zur Verfügung (→ Linksammlung).

Krippengeld in Bayern

Seit Januar 2020 gibt es das sogenannte *Bayerische Krippengeld*. Diese finanzielle Förderung können Eltern ab dem zweiten Lebensjahr ihres Kindes beantragen, wenn das Kind in einer Einrichtung oder Tagespflege betreut wird, die nach dem Bayerischen Kinderbildungs- und -betreuungsgesetz (BayKiBiG) gefördert wird und die Eltern die Elternbeiträge auch tatsächlich tragen (max. 100 € bis 31.08. des Kalenderjahres, in dem das dritte Lebensjahr vollendet wird). Die Leistung ist einkommensabhängig und wird auf Antrag gewährt.

Weitere Voraussetzungen für den Erhalt des Bayerischen Krippengeldes:

- Hauptwohnsitz oder gewöhnlicher Aufenthalt in Bayern
- Personenrecht für das Kind (i. d. R. Eltern bzw. Adoptiveltern)
- Kind ist nach dem 02.01.2017 geboren
- Haushaltsjahreseinkommen maximal 60.000 €

Die Zuständigkeit für das Bayerische Familiengeld liegt beim Zentrum Bayern Familie und Soziales (ZBFS). Der Antrag kann (online) frühestens drei Monate vor dem beabsichtigten Leistungsbeginn gestellt werden. Es kann rückwirkend für höchstens zwölf Monate gewährt werden, wenn der Antrag spätestens bis zum 31.08. des Kalenderjahres, in dem das Kind das dritte Lebensjahr vollendet, gestellt wird.

Weitere umfassende Informationen zum Krippengeld in Bayern sowie einen Online-Antrag stellt das Zentrum Bayern Familie und Soziales auf seiner Internetseite zur Verfügung (→ Linksammlung).

7.5 Elternzeit

Die Elternzeit ist keine finanzielle Förderung. Sie steht nur Eltern, die Arbeitnehmer sind, zu und gewährt ihnen das Recht, ihre Arbeitszeit vollständig oder teilweise zu verringern, um sich in ausreichender Zeit der Erziehung ihres Kindes widmen zu können. Dabei ist es egal, ob das Arbeitsverhältnis in Voll- oder Teilzeit besteht, es sich um einen Mini-Job handelt, eine Befristung besteht oder ein betriebliches Ausbildungsverhältnis vorliegt.

Die Elternzeit beträgt pro Kind maximal drei Jahre. Auf Verlangen hat der Arbeitgeber den Arbeitnehmer für diesen Zeitraum von der Arbeit freizustellen. Grundsätzlich darf der Arbeitgeber das Arbeitsverhältnis während der Elternzeit nicht kündigen. Bei einem Arbeitgeberwechsel innerhalb der Elternzeit bleibt der Anspruch auf Elternzeit erhalten. Für die Dauer der Elternzeit erhält der Arbeitnehmer keinen Arbeitslohn.

An dieser Stelle kommt das Elterngeld ins Spiel. Das Elterngeld kann nämlich einen Teil des Einkommensausfalls kompensieren. Die beiden staatlichen Instrumente Elternzeit und Elterngeld haben jedoch rein rechtlich betrachtet nichts miteinander zu tun. Sie bedingen sich nicht gegenseitig.

Hinweis:

Elternzeit und Elterngeld sind unabhängig voneinander! Man kann, muss sie aber nicht kombinieren.

Der volle Anspruch besteht bis zur Vollendung des dritten Lebensjahres des Kindes. Der Umfang der Elternzeit kann im Grunde frei gewählt werden. Die Elternzeit kann also die vollen drei Jahre, nur ein Jahr oder auch nur wenige Monate, Wochen oder Tage umfassen. Die Elternzeit kann in maximal drei Zeitabschnitte aufgeteilt werden. Es besteht darüber hinaus die Möglichkeit, die Elternzeit maximal 24 Monate in den Zeitraum vom dritten bis zum achten Geburtstag des Kindes zu übertragen.

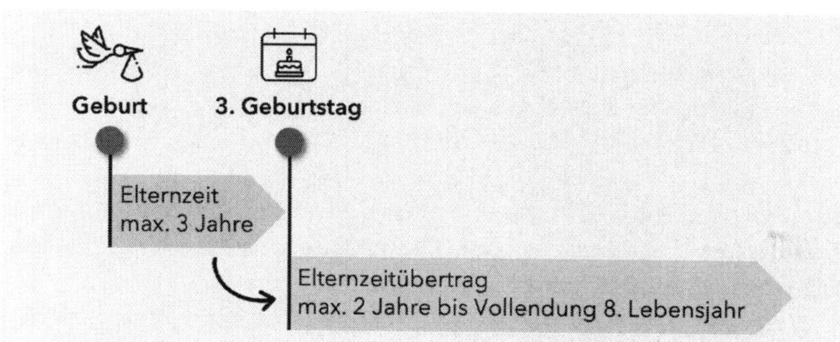

Hinweis:

Der Arbeitgeber kann den dritten Abschnitt der Elternzeit aus dringenden betrieblichen Gründen ablehnen, wenn er zwischen dem dritten Geburtstag und der Vollendung des achten Lebensjahres des Kindes liegt. Weitere Verteilungen der Elternzeit sind nur in Abstimmung mit dem Arbeitgeber möglich.

Sind Vater und Mutter beide als Arbeitnehmer beschäftigt, können auch beide Eltern die drei Jahre Elternzeit nehmen. In der Entscheidung, ob die Elternzeit gleichzeitig oder versetzt in Anspruch genommen wird, sind die Eltern frei.

Hinweis:

Die Mutterschutzfrist nach der Geburt (i. d. R. acht Wochen) ist in der maximalen Elternzeit der Mutter bereits mit inbegriffen und wird somit auf die Elternzeit angerechnet.

Für den Zeitraum bis zum vollendeten dritten Lebensjahr des Kindes muss die Elternzeit spätestens sieben Wochen vor Beginn schriftlich beim Arbeitgeber beantragt werden; für den Zeitraum zwischen dem dritten Geburtstag und dem vollendeten achten Lebensjahr des Kindes spätestens 13 Wochen vor der geplanten Elternzeit. Wird der Antrag zu spät eingereicht, dann verschiebt sich der Beginn der Elternzeit entsprechend um den Verzug nach hinten. Inhalt des Schreibens sind der Beginn und das Ende der Elternzeit (ggf. die Zeitabschnitte bei einer Aufteilung).

Der dem Arbeitnehmer zustehende Urlaubsanspruch bleibt während der Elternzeit grundsätzlich bestehen. Dieser kann jedoch vom Arbeitgeber pro Monat Elternzeit um ein Zwölftel des Jahresurlaubsanspruchs gekürzt werden. Wird beispielsweise ein volles Jahr Elternzeit genommen, dann geht auch der volle Urlaubsanspruch für ein Jahr verloren.

Nach Beendigung der Elternzeit läuft der Arbeitsvertrag wieder wie vor der Elternzeit weiter. Es besteht jedoch kein Anspruch, auf denselben Arbeitsplatz zurückzukehren. Jedoch muss die Tätigkeit den Bestimmungen des Arbeitsvertrages entsprechen. Die Zuweisung einer anderen Tätigkeit durch den Arbeitgeber ist zulässig, wenn diese nach den Vereinbarungen im Arbeitsvertrag gleichwertig ist.

Weitere umfassende Informationen zur Elternzeit stellt das Familien-Ministerium auf seinem Familienportal zur Verfügung (→ Linksammlung)

8 SONDERTEIL: CORONA

Um drohende negative Folgen der Corona-Krise beim Elterngeld abzumildern, hat der Gesetzgeber auf diese Ausnahmesituation regiert und korrektive Maßnahmen verabschiedet. Diese gelten bis 31. Dezember 2021. Betroffen sind hiervon insbesondere

- werdende Eltern, die sich nun in Kurzarbeit befinden,
- Eltern in systemrelevanten Berufen oder
- Eltern mit Partnerschaftsbonus, die in den geplanten Elterngeld-Monaten nun mehr oder weniger Stunden arbeiten müssen, als ursprünglich geplant.

Die konkret umgesetzten gesetzlichen Maßnahmen greifen diese Fallgruppen auf und gelten rückwirkend zum 01. März 2020. Sie werden im Folgenden anhand typisierender Beispiele kurz dargestellt:

Keine Nachteile wegen Kurzarbeit

Beispiel A:
Lena ist schwanger und erwartet im Oktober 2020 ihr erstes Kind. Sie ist als Verkäuferin im Einzelhandel tätig. Aufgrund der Corona-Krise hat der Arbeitgeber in den Monaten März bis Mai Kurzarbeit mit einem Arbeitsausfall von 100 % (sog. „Kurzarbeit null") angemeldet. Lena erhält daher in diesen drei Monaten keinen Lohn, sondern nur das Kurzarbeitergeld i. H. v. 60 %.

Lösung:
Weil sich das Elterngeld nach dem Durchschnittseinkommen der letzten zwölf Monate vor Geburt (bei Müttern vor Beginn der Mutterschutzfrist) bestimmt, ergeben sich für Lena durch die Kurzarbeit negative finanzielle Folgen. Kurzarbeitergeld ist eine sog. „Entgeltersatzleistung" und wird bei der Berechnung der Elterngeldhöhe nicht berücksichtigt. Folglich bekäme sie weniger Elterngeld.

Dieser Effekt soll durch die speziellen gesetzlichen Maßnahmen dadurch verhindert werden, dass die von Kurzarbeit aufgrund der Corona-Krise betroffenen Monate bei der Durchschnittsberechnung außen vor bleiben. Die gleiche Regelung gilt auch für werdende Eltern, die aufgrund der Corona-Krise arbeitslos werden und Arbeitslosengeld I beziehen.

Hinweis:

Was ist mit Eltern, die bereits Elterngeld beziehen und Kurzarbeitergeld erhalten?
Arbeiten Eltern in Teilzeit und beziehen Elterngeld oder ElterngeldPlus, so wird das Kurzarbeitergeld ebenfalls vom Elterngeld abgezogen, so dass oft nur der Mindestbetrag von 300 € bzw. 150 € verbleibt. Auch diese Kürzung entfällt für die von der Corona-Krise betroffenen Monate.

Kein Nachteil für Eltern mit systemrelevantem Beruf

Beispiel B:
Nils ist Polizist und Vater einer kleinen Tochter. Eigentlich wollte er im April und Mai 2020 (= 13. und 14. Lebensmonat der Tochter) zwei Monate Elternzeit nehmen und Basiselterngeld beziehen. Aufgrund der Corona-Krise wird er aber besonders dringend in seinem systemrelevanten Beruf gebraucht.

Lösung:
Hat er sich aufgrund der Ausnahmesituation dazu (um-)entschieden, im April und Mai zu arbeiten, würde er eigentlich seine zwei Monate Elterngeld „verschenken". Denn Basiselterngeld kann (anders als ElterngeldPlus) nur bis zum 14. Lebensmonat des Kindes in Anspruch genommen werden.

Die gesetzliche Änderung sieht hier vor, mehr Flexibilität zu schaffen. Demnach können Eltern, die in sogenannten systemrelevanten Berufen arbeiten, ihre Elterngeldmonate coronabedingt aufschieben.

Kein Nachteil beim Partnerschaftsbonus

Beispiel C:
Lisa (Krankenschwester) und ihr Mann Julian (Trainer im Fitnessstudio) teilen sich ihre familiären und beruflichen Aufgaben partnerschaftlich untereinander auf. Sie planten, in vier aufeinanderfolgenden Monaten (nämlich Oktober 2020 bis Dezember 2021) beide gleichzeitig 24 bis 32 Wochenstunden zu arbeiten, und gingen davon aus, den sogenannten Partnerschaftsbonus zu erhalten. Das hätte vier zusätzliche Monate ElterngeldPlus für jeden von ihnen bedeutet (in Summe also acht Monate).

Lösung:
Aufgrund der Corona-Krise soll Lisa nun allerdings wesentlich mehr als 32 Stunden arbeiten und Julian kann von Oktober 2020 bis Dezember 2021 gar nicht arbeiten. Somit verletzen sie eigentlich die Voraussetzungen für den Partnerschaftsbonus und würden in Summe acht Monate ElterngeldPlus verlieren.

Auch hier schafft die Corona-Gesetzesänderung Erleichterung. Demnach verlieren Eltern den Partnerschaftsbonus nicht, wenn sie aufgrund der Corona-Krise aktuell mehr oder weniger arbeiten als geplant.

Zusammenfassung

Die coronabedingten gesetzlichen Korrekturmaßnahmen schaffen Erleichterungen für alle werdenden Eltern, die Kurzarbeitergeld oder Arbeitslosengeld I wegen der Corona-Krise erhalten. Außerdem erhalten Arbeitnehmer in systemrelevanten Berufen mehr Flexibilität bei der Planung ihrer Elterngeldmonate. Auch ist eine Verletzung der Mindest- oder Höchstarbeitszeiten beim Partnerschaftsbonus unerheblich, wenn dies auf die Corona-Krise zurückzuführen ist.

Linksammlung

Informationen rund um die Familie auf dem Familienportal:
https://familienportal.de

Elterngeld

Elterngeldrechner:
https://familienportal.de/egr

Verzeichnis der Elterngeldantragsstellen:
https://www.bmfsfj.de/bmfsfj/themen/familie/familienleistungen/elterngeld/elterngeldstellen-und-aufsichtsbehoerden

Elterngeld Antragsformulare nach Bundesland:
https://familienportal.de/familienportal/antragsformulare/126232

Elterngeld Online-Anträge einzelner Bundesländer:
https://www.elterngeld-digital.de/ams/Elterngeld

Mutterschaftsleistungen

Informationen zum Mutterschutz:
https://www.bmfsfj.de/Mutterschutz

Mutterschutzrechner:
https://eshop.haufe.de/mutterschutz-rechner

Mutterschaftsgeld vom Bundesversicherungsamt:
https://www.bundesversicherungsamt.de/mutterschaftsgeld

Kindergeld

Informationen und Anträge zu Kindergeld und Kinderzuschlag:
https://www.arbeitsagentur.de/familie-und-kinder

Anspruch auf Kinderzuschlag mit dem KiZ-Lotzen ermitteln:
https://www.arbeitsagentur.de/familie-und-kinder/kiz-lotse

Baukindergeld

Informationen zum Baukindergeld:
https://www.kfw.de/inlandsfoerderung/Privatpersonen/Neubau/Baukindergeld

Informationen zum Bayerischen Baukindergeld Plus:
https://www.eigenheimzulage.bayern.de/baukindergeld

Informationen zur Bayerischen Eigenheimzulage:
https://www.eigenheimzulage.bayern.de

Fördermaßnahmen einzelner Bundesländer

Informationen zum Landeserziehungsgeld in Sachsen
https://www.familie.sachsen.de/landeserziehungsgeld

Informationen zum Familiengeld in Bayern:
https://www.zbfs.bayern.de/familie/familiengeld

Informationen zum Krippengeld in Bayern:
https://www.zbfs.bayern.de/familie/krippengeld

Elternzeit

Informationen zur Elternzeit:
https://familienportal.de/familienportal/familienleistungen/elternzeit

Elterngeld-Infografik

Elterngeld auf einen Blick!

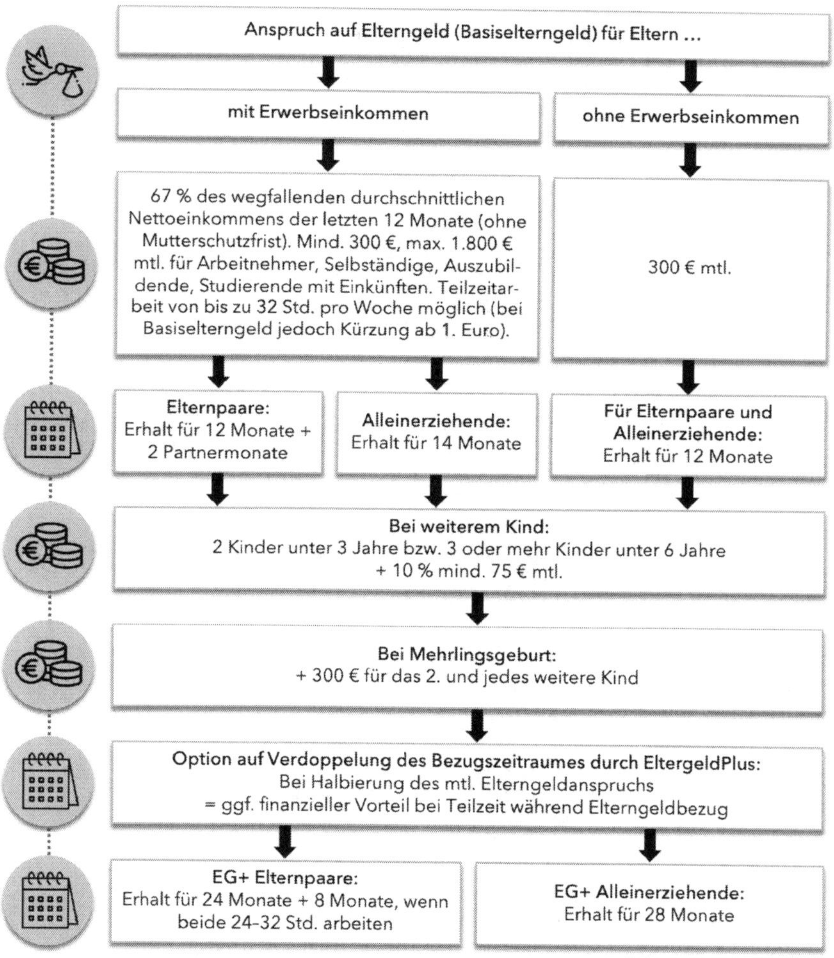

Elterngeld-Checkliste

Wann?	Was?	Erl.?
 -9 Monate	In Steuerklasse III wechseln Bei Ehegatten, die Arbeitnehmer sind, kann sich ein Steuerklassenwechsel lohnen. Es gilt die Steuerklasse, die im Bemessungszeitraum länger gegolten hat (bei der Mutter vor Beginn des Mutterschutzes). Der Wechsel sollte also mindestens 9 Monate vor der Geburt durchgeführt werden.	☐
	Tipp: Finanziellen Puffer ansparen Vor dem Elterngeldbezug sollte etwas Geld auf die Seite gelegt werden, da die Bearbeitung durch die Elterngeldstelle auch mal länger dauern kann. Damit es zu keinen Engpässen kommt, macht ein finanzielles Polster durchaus Sinn.	☐
-1 Monat	Einkommensnachweise zusammentragen Zur Beantragung des Elterngeldes müssen die Gehaltsnachweise der letzten 12 Monate vor der Geburt (bei der Mutter 12 Monate vor Beginn des Mutterschutzes) vorgelegt werden. Bei Selbständigen ist der Steuerbescheid des Jahres vor der Geburt vorzulegen. Frühzeitiges Zusammentragen vermeidet Stress.	☐
	Bescheinigungen zusammentragen Zur Beantragung des Elterngeldes müssen weitere Bescheinigungen vorgelegt werden. Vom Arbeitgeber ist eine Bescheinigung über den Arbeitgeberzuschuss zum Mutterschaftsgeld (bei Müttern), ein Nachweis über die Elternzeit sowie ggf. ein Nachweis über Teilzeitarbeit während des Elterngeldbezugs einzuholen. Des Weiteren müssen Mütter eine Bescheinigung über das Mutterschaftsgeld bzw. Krankengeld (bei PKV) vorlegen. Auch hier gilt: Sich frühzeitig drum kümmern vermeidet Stress!	☐

Geburt		
+ 1 Woche	**Geburtsurkunde beantragen** Innerhalb von 7 Tagen nach der Geburt müssen Eltern zum örtlichen Standesamt gehen und die Geburtsurkunde beantragen (= gesetzliche Pflicht). Die Urkunde ist auch dem Elterngeldantrag beizulegen.	☐
+ 3 Monate	**Elterngeld beantragen** Nach der Geburt gilt es, möglichst schnell den Elterngeldantrag auszufüllen und mit den Nachweisen und Bescheinigungen bei der zuständigen Elterngeldstelle einzureichen. Rückwirkend wird das Elterngeld max. für 3 Lebensmonate ausbezahlt. Schnell sein lohnt sich, um weiter Geld auf dem Konto zu haben und den Anspruch nicht zu verschenken.	☐
	Tipp: Finanziellen Puffer ansparen Während des Elterngeldbezugs sollte ebenfalls etwas Geld auf die Seite gelegt werden, da es ja (abhängig vom Einzelfall) sein kann, dass zwischen der letzten Elterngeldzahlung (z. B. 01.02. für Februar) und der ersten Lohnzahlung (z. B. 31.03. für März) acht Wochen liegen können. Durch ein finanzielles Polster wird ein möglicher Engpass vermieden.	☐

Glossar

Bemessungszeitraum	Nach bestimmten Regeln festgelegter zwölf Monate umfassender Zeitraum vor der Geburt eines Kindes, der für die Ermittlung der Höhe des Elterngeldes von Bedeutung ist.
Bezugszeitraum	Es ist der in Lebensmonaten des Kindes gemessene Zeitraum, in dem man Elterngeld bezieht.
Elterngeld-Netto	Es ist der Betrag des Bruttolohns, der nach Abzug pauschaler Steuern und Versicherungsbeiträge noch verbleibt. Es ist die Bemessungsgrundlage für das Elterngeld.
Elternzeit	Recht auf unbezahlte Freistellung zur Kinderbetreuung. Sie beträgt maximal drei Jahre. Elternzeit und Elterngeld haben nichts miteinander zu tun.
Ersatzrate	Anteil des Elterngeld-Nettos, den das Elterngeld ersetzt
Geschwisterbonus	Es handelt sich um einen Betrag, der zusätzlich zum Elterngeld ausbezahlt wird, wenn andere junge Geschwister im gleichen Haushalt untergebracht sind. Der Bonus beträgt 10 % auf das Elterngeld (mindestens aber 75 €) für das weitere Kind.
Lebensmonat	Die Lebensmonate beginnen mit dem Tag der Geburt des Kindes. Sie entsprechen nicht den Kalendermonaten. = z. B. von 03.01. bis 02.01. Nicht: von 01.01. bis 31.01. (= Kalendermonat)
Mehrlingszuschlag	Werden Zwillinge oder andere Mehrlinge geboren, so gibt es nicht mehrfach Elterngeld. Es gibt auch in diesen Fällen nur einmal Elterngeld. Allerdings erhöht sich dieses Elterngeld um 300 € für jeden weiteren Mehrling.

Mutterschaftsleistungen	Damit der Lebensunterhalt der Mutter auch im Mutterschutz gesichert ist, hat sie i. d. R. Anspruch auf Mutterschaftsgeld. Zusammen mit einem Arbeitgeberzuschuss zum Mutterschaftsgeld erreicht sie gewöhnlich einen Nettolohn wie vor der Mutterschutzfrist. Beide Leistungen zusammen werden Mutterschaftsleistungen genannt.
Mutterschutz	Beschäftigungsverbot für die Mutter in den letzten sechs Wochen vor der Entbindung bis zum Ablauf von acht Wochen nach der Entbindung
Partnermonate	Es sind zwei zusätzliche Monate Basiselterngeld, die den Eltern dann gewährt werden, wenn auch der andere Elternteil für mindestens 2 Monate Elterngeld beantragt. Häufig werden die Monate im Verhältnis 12 + 2 aufgeteilt.
Partnerschaftsbonus	Es sind vier zusätzliche Monate ElterngeldPlus, die jedem Elternteil jeweils dann gewährt werden, wenn beide Elternteile gleichzeitig für mindestens vier Monate Teilzeit arbeiten. In Summe betrachtet geht es also um acht Monate ElterngeldPlus.
Steuerklasse	Es gibt die Steuerklassen 1 bis 6. Sie bestimmen, wie viel Lohnsteuern der Arbeitgeber einbehalten muss. Ehegatten können durch die Wahl der Steuerklassen 3 und 5 oft das Elterngeld optimieren.

Stichwortverzeichnis

A

Alleinerziehende 50
Anspruchsvoraussetzungen..... 49

B

Basiselterngeld 17, 19, 26
Baukindergeld 14, 114
  Bay. Baukindergeld Plus..... 115
  Bay. Eigenheimzulage 115
Bayerische Krippengeld 15
Bemessungszeitraum..........55, 79
Besserverdienerregelung......... 68
Bezugszeitraum 63, 83

C

Corona Sonderregelungen.... 123

E

Elterngeld 16
  Antrag 86
  Basiselterngeld 17, 19, 26
  Bemessungszeitraum......55, 79
  Corona-Krise 123
  Elterngeld-Planer 45
  ElterngeldPlus.................17, 26
  Frist....................................... 87
  Geschwisterbonus................ 70
  Höchstbetrag 18
  Höhe 53, 79
  Mehrlingszuschlag 71
  Mindestbetrag 18
  Mutterschaftsleistungen........... ....24, 110
  Mutterschutz 56
  Partnermonate 22
  Partnerschaftsbonus 17, 41
  Selbständige 79
  Sonderregelung Frühchen .. 24
  Steuerklasse.......................... 59
  Voraussetzung 49
Elterngeldantrag 86
Elterngeld-Netto 57, 82
Elterngeld-Planer 45
ElterngeldPlus 17, 26
Elternzeit 16, 118
Ersatzrate............................68, 69
Erwerbseinkommen............54, 64
Erwerbstätigkeit 51, 80
  Keine Erwerbstätigkeit 51
  Keine volle Erwerbstätigkeit 52
  Selbständige Erwerbstätigkeit 80

F

Familiengeld in Bayern 117

G

Geringverdienerregelung........ 68
Geschwisterbonus 70
Getrennt Erziehende 51

H

Höchstbetrag............................ 18

K

Kindergeld 14, 112
Kinderzuschlag 113
Kombinationsmöglichkeiten ... 42
Krippengeld in Bayern 118

L

Landeserziehungsgeld in
Sachsen 115
Lebensmonate........................... 43

M

Mehrlingszuschlag 71
Mindestbetrag 18
Mutterschaftsleistungen... 15, 109
  Arbeitgeberzuschuss.... 15, 109
  Mutterschaftsgeld .. 15, 24, 109
  Mutterschaftslohn 112
Mutterschutz 15, 56, 107
  Beschäftigungsverbot .. 15, 107
  Mutterschaftsleistungen..... 109
  Mutterschutzfrist................... 15

P

Partnermonate 22
Partnerschaftsbonus........... 17, 41
Progressionsvorbehalt..............19

S

Sachbezüge 58
Selbständige...............................79
  Bemessungszeitraum 79
  Bezugszeitraum......................83
  Elterngeld-Netto 82
  Wegfallendes Einkommen ...83
Selbständige Erwerbstätigkeit.80
Sonstige Bezüge 59
Spitzenverdiener........................51
Steuererklärung 60
Steuerklasse...............................59

U

Unterschiedsbetrag 62, 65

W

Wegfallendes Einkommen ....
....19, 62, 83

Die optimale Ergänzung zu diesem Ratgeber:

Der „Elterngeld leicht gemacht!" Online-Kurs

- ✓ verständliche Videos mit umfassenden Praxis-Beispielen
- ✓ Schritt-für-Schritt Anleitungen zum richtigen Ausfüllen des Antrags
- ✓ wichtige Tipps, um den Elterngeldanspruch voll auszuschöpfen
- ✓ Musteranträge für Elternzeit
- ✓ und vieles mehr

Unser Geschenk an dich:
Als Besitzer dieses Ratgebers erhältst du mit dem Gutscheincode zusätzlich einen Sonderrabatt i. H. v. 15,00 € auf den „Elterngeld leicht gemacht!" Online-Kurs*.

DEIN GUTSCHEINCODE:
ELG2020

Jetzt auf www.elterngeldleichtgemacht.de beim Zahlvorgang einlösen!

*Der Online-Kurs ist wegen Überarbeitungen aktuell nicht verfügbar.

Printed in Poland
by Amazon Fulfillment
Poland Sp. z o.o., Wrocław

94339103R10078